New 新 轻松学 韩语

가나다 코리언 워크북

② 初级 练习册

• GANADA 韩国语学院教材研究会 编著

北京大学出版社

著作权合同登记号　图字：01-2012-8760

图书在版编目（CIP）数据

新轻松学韩语初级练习册 2/GANADA 韩国语学院教材研究会编著 .—北京：北京大学出版社，2013.9
ISBN 978-7-301-22875-3

Ⅰ．①新… Ⅱ．①G… Ⅲ．①朝鲜语—习题集 Ⅳ．① H55-44

中国版本图书馆 CIP 数据核字（2013）第 165021 号

© Language Plus Hangeul-Park, 2013
All rights reserved. No part of this publication may be reproduced, stored or transmitted by any means without the prior permission of the publishers. It is for sale in the mainland part of the People's Republic of China only.
本书由韩国 Language Plus Hangeul-Park 授权北京大学出版社有限公司出版发行。

书　　　　名：	新轻松学韩语 初级 练习册 2
著作责任者：	GANADA 韩国语学院教材研究会　编著
责 任 编 辑：	崔　虎
标 准 书 号：	ISBN 978-7-301-22875-3/H・3347
出 版 发 行：	北京大学出版社
地　　　　址：	北京市海淀区成府路 205 号　100871
网　　　　址：	http://www.pup.cn　　新浪官方微博：@ 北京大学出版社
电　　　　话：	邮购部 62752015　发行部 62750672　编辑部 62753027　出版部 62754962
电 子 信 箱：	zpup@pup.pku.edu.cn
印 　刷 　者：	三河市博文印刷有限公司
经 　销 　者：	新华书店
	889 毫米 ×1194 毫米　大 16 开本　8 印张　126 千字
	2013 年 9 月第 1 版　2019 年 6 月第 4 次印刷
定　　　　价：	20.00 元

未经许可，不得以任何方式复制或抄袭本书之部分或全部内容。
版权所有，侵权必究
举报电话：010-62752024　电子信箱：fd@pup.pku.edu.cn

머리말 前言

　　GANADA韩国语学院是韩国知名的韩语培训机构，自1991年成立以来，一直致力于韩语教学研究和教材的开发。经过二十多年的努力，GANADA韩国语学院拥有了一支经验丰富的教材研发团队，所编教材语言纯正地道，内容安排新颖独到，形成了自己特有的风格，在韩国、中国、日本、美国等多个国家深受欢迎。

　　本套练习册是《新轻松学韩语》的配套练习册，共6级。练习册题型灵活多样，插图也很丰富。除每课配有相应的练习外，每五课设置单元练习，学习者可以通过练习进一步掌握学过的语法及词汇并融会贯通。为了方便学习者学习，书后还附有标准答案，可供参考。

　　GANADA韩国语学院教材研究会以丰富的教学经验为基础，编写了本套练习册。相信可以为韩语学习者提供切实的帮助，成为学习者的良师益友，同时成为韩语教育者的良好指南手册。我们向您承诺，今后会继续致力于韩语教育的研究，不断推出适合学习者要求的新教材。

　　最后谨向为本书的出版给予大力支持的LanguagePLUS社长及相关人士表示深深的谢意。

GANADA韩国语学院教材研究会

차례 目录

제1과	그동안 어떻게 지내셨어요? 这段时间怎么过的? -(으)면서, -(으)려고	1
제2과	몸이 아파서 학원에 가지 못합니다 因为身体不舒服，所以去不了学院 'ㅂ' 불규칙 형용사, -아/어서	4
제3과	다 같이 식사 한번 할까요? 大家一起吃顿饭怎么样? -(이)든지, -는 것이 어때요?, -보다	7
제4과	무슨 차를 드시겠어요? 想喝什么茶? -(으)ㄴ, -(으)로	10
제5과	우리가 다 좋아하는 삼겹살하고 소주로 할까요? 点大家都喜欢吃的五花肉和烧酒怎么样? -(으)니까, -는	13
복습 复习	제1과 ~ 제5과	16
제6과	중국 음식을 시켜 먹는 게 어때요? 叫外卖点中国菜怎么样? -(으)ㄴ, -(으)ㄹ, -(으)ㄴ/-는/-(으)ㄹ	18
제7과	빨간 치파오가 참 예뻐요 红色旗袍真漂亮 -고 있다, 'ㅎ' 불규칙 형용사, -요	21
제8과	여기에서 어떻게 가요? 从这儿怎么走? -아/어 보다, -아/어서	24
제9과	결혼식에 가 본 일이 있어요? 你参加过婚礼吗? -(으)ㄴ 일이 있다/없다, -밖에	27
제10과	이게 요즘 제일 인기 있는 모델인데 这是最近最热门的机种 - 중에서 제일, -(으)ㄴ데	30

차례 目录

복습 复习	제6과 ~ 제10과	33
제11과	제 친구인데 인사하세요 我朋友，打个招呼吧 -(으)ㄴ데, -(이)나	36
제12과	벚꽃이 정말 많이 피었군요! 真是樱花盛开呀! -(으)ㄴ데, -군요	39
제13과	시원한 냉면이나 먹을까요? 吃清凉爽口的冷面怎么样? -네요, -(이)나, -(으)ㄴ데	42
제14과	요즘 산에 가면 단풍이 예쁘겠네요 最近爬山，枫叶一定很漂亮 -지요?, -겠네요	46
제15과	눈이 올 때 뭐 하셨어요? 下雪的时候你做了什么? -지 않아요?, -(으)ㄹ 때, -(으)ㄹ 것이다	48
복습 复习	제11과 ~ 제15과	51
제16과	취미로 배우기 시작했어요 当作爱好学的 -(으)로, -기 시작하다, - 동안/-는 동안	54
제17과	이것 좀 도와주시겠어요? 能帮我一下吗? -아/어 주다, -(으)ㄴ데요	57
제18과	통장을 만들려고 하는데요 我想办个存折 -아/어야 하다, -이/가 되다	60
제19과	일본에 부치려고 하는데 얼마나 걸려요? 想寄到日本，需要多长时间? -(이)라서, -(이)나	63
제20과	패키지여행이 좋을 것 같은데 参团旅行比较好 -(으)ㄹ 것 같다, -아/어지다	65

| 복습 复习 | 제16과 ~ 제20과 | 68 |

| 제21과 | 입어보니까 편하고 괜찮네요 穿起来舒服，真不错 | 70 |
| | -(으)ㄹ까요?, -(으)니까, - 같다 | |

| 제22과 | 컴퓨터로 쉽게 찾을 수 있는데 用电脑很容易就能查出来 | 73 |
| | -(으)ㄹ 것이다, -게 | |

제23과	좀 이상한 것 같은데 괜찮아요?	76
	感觉有点奇怪，还可以吗?	
	'르' 불규칙 동사·형용사, -(으)ㄴ 것 같다	

| 제24과 | 어제 정말 죄송했어요 昨天真的很抱歉 | 78 |
| | -아/어하다, -(으)ㄹ 테니까 | |

| 제25과 | 오셔서 축하해 주세요 过来一起庆祝吧 | 81 |
| | -(으)ㄹ 생각이다, - 중/-는 중 | |

| 복습 复习 | 제21과 ~ 제25과 | 84 |

| 제26과 | 컴퓨터 고칠 줄 아세요? 你会修电脑吗? | 86 |
| | -(으)ㄹ 줄 알다/모르다, -아/어도 되다, -(으)면 안 되다 | |

| 제27과 | 방을 못 구해서 걱정이에요 还没找到房间，所以很担心 | 89 |
| | -아/어도, -았/었으면 좋겠다 | |

| 제28과 | 시간이 정말 빠른 것 같아요 时间过得真快 | 92 |
| | -(으)ㄴ 지, -아/어 가다/오다 | |

| 제29과 | 콘서트 어땠어요? 演唱会怎么样? | 94 |
| | - 번째, -거든요, - 만에 | |

| 제30과 | 음식을 많이 차리셨네요 菜准备得好丰盛啊 | 98 |
| | -는 데, -(으)로 | |

| 복습 复习 | 제26과 ~ 제30과 | 101 |
| 해답 答案 | | 106 |

제1과 그동안 어떻게 지내셨어요? 这段时间怎么过的?
-(으)면서, -(으)려고

-(으)면서

1. 그림을 보고 보기와 같이 문장을 완성하십시오. 看图, 用所给句型完成句子。

춤을 추면서 노래합니다.

1)

_____ (으)ㅂ시다.

2)

_____ 지 마세요.

3)

_____ 았/었어요.

4)

_____ 았/었어요.

5)

_____ (으)려고 해요.

6) _____ 고 있어요.

-(으)려고

2 그림을 보고 보기 와 같이 문장을 완성하십시오. 看图，仿照例句完成句子。

비빔밥을 만들려고 <u>야채와 계란을 샀어요.</u>
비빔밥을 만들려고 <u>요리책을 봤어요.</u>

1)

한국말을 배우려고 _____.
한국말을 공부하려고 _____.

2)

유럽에 여행을 가려고 _____.
유럽에 여행을 가려고 _____.

3)

_____ 한국말을 배웁니다.
_____ 한국말을 배웁니다.

4)

_____ 아침에 일찍 일어납니다.
_____ 아침에 일찍 일어납니다.

5)

_____ 돼지고기를 샀어요.
_____ 돼지고기를 샀어요.

3 보기와 같이 대답을 쓰십시오. 仿照例句完成对话。

보기
가: 왜 그 장갑을 샀어요? (친구에게 선물하다)
나: 친구에게 선물하려고 샀어요.

1) 가: 왜 우체국에 갔어요? (일본에 소포를 부치다)
   나: _____.

2) 가: 주말에는 왜 바다에 가세요? (사진을 찍다)
   나: _____.

3) 가: 왜 이 책을 빌렸어요? (보고서를 쓰다)
   나: _____.

4) 가: 왜 김밥을 많이 만들었어요? (친구들과 같이 먹다)
   나: _____.

5) 가: 왜 드라마 시디를 샀어요? (드라마를 보면서 연습하다)
   나: _____.

6) 가: 왜 인삼을 사셨어요? (부모님께 드리다)
   나: _____.

7) 가: 왜 여행사에 전화를 하셨어요? (비행기 표를 예매하다)
   나: _____.

8) 가: 왜 관광 안내책을 샀어요? (친구가 한국에 오면 안내하다)
   나: _____.

제2과 몸이 아파서 학원에 가지 못합니다   因为身体不舒服，所以去不了学院
'ㅂ' 불규칙 형용사, -아/어서

'ㅂ' 불규칙 형용사

1 다음 표를 완성하십시오. 完成表格。

	-아/어요	-았/었어요	-(으)면	-아/어서
덥다	더워요			
쉽다		쉬웠어요		
어렵다			어려우면	
맵다				매워서
시끄럽다	시끄러워요			
가볍다		가벼웠어요		
귀엽다				귀여워서
* 좁다	좁아요		좁으면	

2 문장을 완성하십시오. 完成句子。

1) 김치찌개는 _____고 _____아/어요.
            (맵다)   (뜨겁다)

2) 가방이 _____(으)면 같이 듭시다.
         (무겁다)

3) 어제는 _____았/었지만 오늘은 _____지 않아요.
          (덥다)   (덥다)

4) 음악이 _____아/어서 라디오를 껐어요.
         (시끄럽다)

5) _____(으)면 코트를 _____(으)세요.
    (춥다)   (입다)

-아/어서

3 그림을 보고 보기와 같이 문장을 완성하십시오. 看图回答问题。

◆ 왜 그 식당에 자주 가세요?

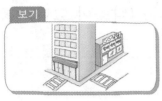

회사에서 가까워서 자주 가요.

1)

_____ 자주 가요.

2)

_____ 자주 가요.

3)

_____ 자주 가요.

◆ 어제는 왜 학교에 안 오셨어요?

4)

_____ 학교에 못 왔어요.

5)

_____ 학교에 못 왔어요.

6)

_____ 학교에 못 왔어요.

4 보기와 같이 대화를 완성하십시오. 仿照例句完成对话。

> **보기**
> 가 : 내일 같이 점심을 먹을 수 있습니까? (일이 있다)
> 나 : 죄송합니다만 <u>일이 있어서 같이 먹을 수 없어요.</u>

1) 가 : 주말에 저와 같이 남대문 시장에 갈 수 있습니까? (약속이 있다)

   나 : 미안하지만 _____.

2) 가 : 왜 이사를 하려고 해요? (하숙집이 너무 멀다)

   나 : _____.

3) 가 : 왜 영화를 끝까지 보지 못했어요? (너무 무섭다)

   나 : _____.

4) 가 : 영수 씨도 스키장에 같이 가세요? (감기에 걸렸다)

   나 : 아니요, _____.

5) 가 : 오후에 공항에 가세요? (친구가 한국에 오다)

   나 : 네, _____.

6) 가 : 제가 이 빵을 만들었어요. 좀 드시겠어요? (배가 아프다)

   나 : 미안하지만 _____.

7) 가 : 숙제를 다 하셨어요? (어렵다)

   나 : 아니요, _____.

8) 가 : 약속 시간이 20분 지나서 전화하려고 했어요. (늦었다)

   나 : _____ 죄송합니다.

제3과 다 같이 식사 한번 할까요? 大家一起吃顿饭怎么样?
-(이)든지, -는 것이 어때요?, -보다

-(이)든지

1. 보기와 같이 대답을 쓰십시오. 用所给句型仿照例句完成对话。

> 보기
> 가 : 커피 드시겠어요, 녹차 드시겠어요? (뭐)
> 나 : **뭐든지 괜찮아요.**

1) 가 : 토요일에 만날까요, 일요일에 만날까요? (무슨 요일)
   나 : _____.

2) 가 : 태권도를 배우기가 어려워요? (아니요, 누구)
   나 : _____.

3) 가 : 야마다 씨는 무슨 운동을 잘하세요? (무슨 운동)
   나 : _____.

4) 가 : 어디로 식사하러 갈까요? (어디)
   나 : _____.

5) 가 : 이게 좋으세요, 저게 좋으세요? (어느 거)
   나 : _____.

6) 가 : 다음 주에 제가 연락하면 만날 수 있어요? (네, 언제)
   나 : _____.

7) 가 : 무슨 음식을 좋아하세요? (뭐 / 다 잘 먹어요)
   나 : _____.

8) 가 : (노래방에서) 저는 한국 노래를 잘 몰라요. 외국 노래도 괜찮아요? (무슨 노래)
   나 : _____.

-는 것이 어때요?

2 그림을 보고 보기 와 같이 대화를 완성하십시오. 看图，用所给句型完成对话。

가 : 감기에 걸려서 어제부터 너무 아파요.
나 : 병원에 가는 것이 어때요?

1)

가 : 이 문제를 잘 모르겠어요.
나 : _____?

2)

가 : 요즘 일도 많고 스트레스도 많아요.
나 : _____?

3)

가 : 계속 걸어서 다리가 아파요.
나 : _____?

4)

가 : 날씨가 너무 더워서 몸이 힘들어요.
나 : _____?

5)

가 : 이번 휴가에는 어디로 여행을 갈까요?
나 : _____?

6)

가 : 이 의자를 어디에 놓을까요?
나 : _____?

-보다

3 그림을 보고 보기 와 같이 대답을 쓰십시오. 看图，用所给句型完成对话。

보기

가: **축구가 재미있어요, 야구가 재미있어요?**
나: **야구가 축구보다 더 재미있어요.**

1)

가: 여름에는 바다가 좋아요, 산이 좋아요?
나: _____.

2)
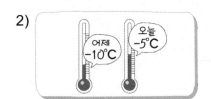
가: 어제가 추웠어요, 오늘이 추워요?
나: _____.

3)

가: 누가 더 일찍 왔어요?
나: _____.

4)

가: 어느 산이 더 높아요?
나: _____.

5)

가: 구두를 자주 신으세요, 운동화를 자주 신으세요?
나: _____.

6)
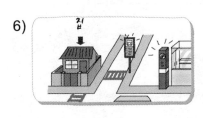
가: 집에서 버스 정류장이 더 가까워요, 지하철역이 더 가까워요?
나: _____.

제4과   무슨 차를 드시겠어요?   想喝什么茶?
-(으)ㄴ, -(으)로

-(으)ㄴ

1. 그림을 보고 [보기]와 같이 쓰십시오. 看图，仿照例句造句。

[보기]  키가 큰 사람

[보기]  키가 작은 사람

1)
   _____   _____

2)
   _____   _____

3)
   _____   _____

4)
   _____   _____

5)
   _____   _____

2 형용사 두 개를 골라 보기 와 같이 문장을 완성하십시오.
从方框中选出两个形容词，仿照例句完成句子。

예쁘다	귀엽다	작다	크다	넓다	무겁다
가볍다	**조용하다**	시끄럽다	가깝다	**멀다**	싸다
비싸다	깨끗하다	맵다	뜨겁다	달다	짧다

보기

<u>조용하고 멀지 않은</u> 하숙집이 있습니까?

1) _____고 _____ 음식점이 있으면 갑시다.

2) _____고 _____ 옷을 사고 싶어요.

3) _____고 _____ 카메라가 좋지 않아요?

4) _____고 _____ 음식을 좋아해요.

3 보기 와 같이 대답을 쓰십시오. 仿照例句完成对话。

보기

가 : 어떤 옷을 자주 입으세요? (편하다)
나 : <u>편한 옷을 자주 입어요.</u>

1) 가 : 어떤 집을 사려고 해요? (마당이 넓다)
   나 : _____.

2) 가 : 어떤 회사에서 일하고 싶어요? (월급이 많다)
   나 : _____.

3) 가 : 어떤 가방이 좋으세요? (무겁지 않다)
   나 : _____.

4) 가 : 요즘 어떤 치마가 유행이에요? (아주 짧다)
   나 : _____.

-(으)로

4 그림을 보고 보기와 같이 대답을 쓰십시오. 看图，用所给句型完成对话。

보기

가: 무슨 차로 드릴까요?
나: <u>녹차로 주세요.</u>

1)
가: 맥주로 할까요, 소주로 할까요?
나: _____.

2)
가: 몇 시 표로 사시겠어요?
나: _____.

3)
가: 매운 순두부도 있고 안 매운 순두부도 있어요.
나: _____.

4)
가: 뜨거운 커피하고 냉커피, 어느 것으로 드시겠어요?
나: _____.

5)
가: 침대방도 있고 온돌방도 있습니다.
나: _____.

6)
가: 무슨 색 장미로 드릴까요?
나: _____.

7)
가: 이건 5,000원짜리이고, 이건 10,000원짜리예요.
나: _____.

제5과 우리가 다 좋아하는 삼겹살하고 소주로 할까요?
点大家都喜欢吃的五花肉和烧酒怎么样?
-(으)니까, -는

-(으)니까

1 보기와 같이 두 문장을 연결하십시오. 仿照例句，把两个短句变成一句。

> 보기
> 여기는 사람이 많습니다. 다른 곳으로 갑시다.
> → 여기는 사람이 많으니까 다른 곳으로 갑시다.

1) 내일은 9시에 회의가 있습니다. 8시 50분까지 오세요.
   → _____.

2) 저는 술을 못 마십니다. 맥주 한 병만 시킵시다.
   → _____.

3) 어제보다 춥습니다. 따뜻한 옷을 입는 게 어때요?
   → _____.

4) 스파게티는 제가 잘 만듭니다. 제가 만들겠습니다.
   → _____.

5) 오늘은 한 명이 오지 않았습니다. 모두 8명입니다.
   → _____.

2 대화를 완성하십시오. 完成对话。

1) 가 : 지금 나갈까요?
   나 : 지금 비가 많이 오니까 _____.

2) 가 : 음식을 몇 인분 준비하려고 합니까?
   나 : 손님이 일곱 분 오시니까 _____.

3) 가 : 다음 주에도 바쁘세요?

　　나 : _____ 안 바빠요.

4) 가 : 무슨 요일에 놀러 갈까요?

　　나 : _____ 토요일에 가는 게 어때요?

5) 가 : 여기에서 인사동에 어떻게 갑니까?

　　나 : _____ 미키 씨한테 물어보세요.

-는

3 보기와 같이 바꾸어 쓰십시오. 仿照例句，用所给句型完成句子。

보기

　　제가 <u>좋아하는</u> 음식은 갈비입니다.
　　　　（좋아하다）

1) 김치는 _____ 음식입니다.
　　　　　（한국 사람들이 날마다 먹다）

2) 지금 _____ 노래가 한국 노래입니다.
　　　　（듣다）

3) _____ 술집에서 만날까요?
　　（지하철역 근처에 있다）

4) 이 책에는 _____ 단어도 있고 _____ 단어도 있습니다.
　　　　　　（알다）　　　　　　　　（모르다）

5) _____ 사람보다 _____ 사람이 많습니다.
　　（담배를 피우다）　　　　　（담배를 피우지 않다）

6) 우리 형은 _____ 운동이 없습니다.
　　　　　　（못하다）

7) _____ 친구가 우리 집에 놀러 왔습니다.
　　（부산에서 살다）

4 다음 이야기를 읽고 보기 와 같이 문장을 완성하십시오.
读下文，仿照例句完成句子。

> 제 친구들을 소개하겠습니다.
> **마이클 씨는 한국에서 회사에 다닙니다.**
> 히로미 씨는 청바지를 자주 입습니다.
> 제니퍼 씨는 고등학교에서 영어를 가르칩니다.
> 야마다 씨는 요즘 태권도를 배우고 있습니다.
> 리밍 씨는 술을 마시지 못합니다.
> 이리나 씨는 고기를 먹지 않습니다.

보기

> **한국에서 회사에 다니는 사람은 마이클 씨입니다.**

1) _____ 사람은 야마다 씨입니다.

2) _____ 사람은 이리나 씨입니다.

3) _____ 사람은 히로미 씨입니다.

4) _____ 사람은 리밍 씨입니다.

5 대답을 쓰십시오. 回答问题。

1) 한국에 아는 사람이 몇 명쯤 있어요?

2) 지금 사시는 동네가 어디예요?

3) 좋아하는 동물이나 싫어하는 동물이 있습니까?

4) 잘하는 운동이나 배우고 싶은 운동이 있습니까?

5) 못 먹는 음식이나 좋아하지 않는 음식이 있습니까?

복습 复习 제1과 ~ 제5과

1 다음 대화의 순서를 맞추어 순서대로 번호를 쓰십시오. **为下列对话排序。**

여자 : 네, 아주 좋아해요. ( )

여자 : 저는 무서운 영화는 잘 못 봐요. ( )

남자 : 그럼 다음 주 토요일에 영화를 볼까요? ( )

여자 : 그래요. 그런데 어떤 영화를 볼까요? ( )

남자 : 다음 주에 바쁘지 않은 날이 언제예요? ( )

남자 : 주말에 같이 영화 보러 갈까요? (①)

여자 : 다음 주는 언제든지 괜찮아요. ( )

남자 : 무서운 영화를 보는 게 어때요? ( )

여자 : 가고 싶지만 토요일에 손님이 오셔서……. (②)

남자 : 그럼 다른 영화로 봅시다. 코미디 좋아하세요? ( )

2 밑줄 친 곳을 알맞게 고치십시오. **修改画线部分。**

1) 한국 음식은 <u>무엇든지</u> 잘 먹어요. → _____

2) <u>피곤해서</u> 조금 쉽시다. → _____

3) 어제는 약속이 <u>있었어서</u> 학교에 오지 못했습니다. → _____

4) 음악을 <u>들면서</u> 한국말을 공부하고 있어요. → _____

5) 비싸지 않고 <u>맛있은</u> 곳이 있어요? → _____

6) 날씨가 너무 <u>춥어서</u> 밖에 나가고 싶지 않아요. → _____

7) 지금 <u>살는</u> 집으로 2년 전에 이사왔어요. → _____

8) 친구에게 <u>주러</u> 꽃하고 선물을 샀어요. → _____

3 알맞은 연결어를 골라서 두 문장을 연결하십시오. 选择相应的连接词连接句子。

> -(으)려고   -아/어서   -(으)면서   -(으)니까

1) 약속을 지키지 못했습니다. 죄송합니다.
   →

2) 비행기 표를 예약합니다. 여행사에 전화했어요.
   →

3) 지금 좀 바쁘다. 잠깐만 기다리세요.
   →

4) 텔레비전을 봐요. 차를 마시고 있어요.
   →

4 알맞은 것을 골라서 (   ) 안에 쓰십시오. 选择恰当的词填空。

> 어떤   무슨   어느   몇

1) 가 : 고등학교에서 (   ) 운동을 하셨어요?
   나 : 축구를 했어요.

2) 가 : 물냉면하고 비빔냉면, (   ) 것을 더 좋아해요?
   나 : 저는 비빔냉면을 좋아해요.

3) 가 : 사진을 (   ) 장 찍었어요?
   나 : 스무 장 찍었어요.

4) 가 : 마이클 씨는 (   ) 사람이에요?
   나 : 마음이 따뜻하고 친절한 사람이에요.

제6과   중국 음식을 시켜 먹는 게 어때요?   叫外卖点中国菜怎么样?
-(으)ㄴ, -(으)ㄹ, -(으)ㄴ/-는/-(으)ㄹ

-(으)ㄴ

1 보기와 같이 바꾸어 쓰십시오. 用所给的句型完成句子。

보기

지난번에 본 영화가 재미있었습니다.
(지난번에 보았다)

1) 우리 학원에는 _____ 사람이 많아요.
               (일본에서 왔다)

2) _____ 사람이 누구예요?
   (주말에 만났다)

3) _____ 피자가 맛있었어요.
   (지난번에 먹었다)

4) 이건 작년 생일에 친구한테서 _____ 인형이에요.
                           (선물 받았다)

5) 조금 전에 _____ 사람이 누구예요?
        (전화를 걸었다)

6) 어제 _____ 이야기를 하겠습니다.
   (친구한테서 들었다)

7) _____ 숙제를 오늘 하려고 해요.
   (어제 하지 못했다)

8) _____ 분이 아버지이시고, _____ 분이 어머니세요.
   (모자를 쓰셨다)   (코트를 입으셨다)

9) 이 문법은 _____ 문법입니다.
          (아직 배우지 않았다)

10) _____ 사람이 없습니다.
    (숙제를 하지 않았다)

-(으)ㄹ

2 보기와 같이 바꾸어 쓰십시오. 用所给句型完成句子。

> **보기**
> 이 사람은 <u>저와 결혼할</u> 사람입니다.
> (저와 결혼하겠다)

1) _____ 것이 있어요.
　　(선생님한테 물어보겠다)

2) 오늘은 _____ 일이 많아요.
　　　　　(하겠다)

3) _____ 빵을 사러 갑니다.
　　(내일 아침에 먹겠다)

4) 이건 _____ 꽃이에요.
　　　　(친구에게 주겠다)

5) _____ 선물을 준비하려고 해요.
　　(외국에 있는 동생한테 보내겠다)

6) 한국말을 배운 후에 _____ 계획입니다.
　　　　　　　　　　　(한국에서 일하겠다)

7) _____ 한복을 빌리려고 합니다.
　　(동생 결혼식 날 입겠다)

8) 2급 공부하면서 _____ CD를 샀습니다.
　　　　　　　　　(듣겠다)

9) _____ 집을 찾고 있어요.
　　(친구와 같이 살겠다)

10) _____ 사람이 누구입니까?
　　(내일 오지 않겠다)

-(으)ㄴ/-는/-(으)ㄹ

3 다음 이야기를 읽고 [보기]와 같이 바꾸어 쓰십시오. **用所给句型完成下文。**

> 보기
>
> 우리 반에는 여러 나라에서 <u>온</u> 사람들이 많이 있습니다.
> 왔다

노래를 _____ 사람, 술을 잘 _____ 사람 _____ 이야기를
     1) 잘하다   2) 마시다   3) 재미있다

많이 _____ 사람, 춤을 잘 _____ 사람, 날마다 초콜릿을 _____
   4) 알다   5) 추다   6) 먹다

사람 ……. 정말 재미있습니다. 한국 친구가 _____ 사람도 있고
                                               7) 많다

한국 친구가 _____ 사람도 있습니다. 여자 친구나 남자 친구가
         8) 없다

_____ 사람, 가족과 같이 _____ 사람, 혼자 _____ 사람도 있습니다.
9) 있다   10) 살다   11) 살다

_____ 사람도 있고 _____ 사람도 있습니다.
12) 결혼했다   13) 결혼하지 않았다

이번 학기가 끝나면 대학원에 _____ 사람도 있고, 다음 학기에도
                                14) 가겠다

계속 한국말을 _____ 사람도 있습니다.
         15) 배우겠다

한국말을 배운 후에 한국에서 _____ 사람도 있고, 자기 나라로
                        16) 살겠다

_____ 사람도 있습니다.
17) 돌아가겠다

오늘은 제가 _____ 샌드위치를 친구들과 같이 먹고 이야기했습니다.
        18) 만들었다

제7과 빨간 치파오가 참 예뻐요 红色旗袍真漂亮
-고 있다, 'ㅎ'불규칙 형용사, -요

-고 있다

1 명사와 동사를 연결하십시오. 用线连接相应的名词和动词。

1) 넥타이   ① 끼다
2) 안경   ② 매다
3) 반지   ③ 쓰다
4) 모자   ④ 입다
5) 구두   ⑤ 신다
6) 스카프   ⑥ 차다
7) 귀고리, 목걸이   ⑦ 하다
8) 양말
9) 가방   ⑧ 들다, 메다
10) 시계

2 그림을 보고 대답을 쓰십시오. 看图回答问题。

1) 우산을 쓰고 있어요?
2) 긴 바지를 입고 있어요?
3) 가방을 손에 들고 있어요?
4) 안경을 쓰고 있어요?

5) 바지를 입고 있어요?
6) 장갑을 끼고 있어요?
7) 책을 들고 있어요?
8) 운동화를 신고 있어요?

'ㅎ' 불규칙 형용사

3 다음 표를 완성하십시오. **完成表格。**

	-습니다	-아/어요	-았/었어요	-(으)ㄴ	-(으)니까	-아/어서
파랗다			파랬어요			파래서
빨갛다		빨개요		빨간		
하얗다		하얘요		하얀		
까맣다	까맣습니다				까마니까	
그렇다			그랬어요		그러니까	
어떻다	***			어떤		어때서
* 좋다	좋습니다				좋으니까	

4 위의 'ㅎ' 불규칙 형용사를 사용하여 문장을 완성하십시오.
用上面表格中的 'ㅎ' 불규칙 형용사完成句子。

1) 김치 색깔이 너무 _____ 아/어서 매울 것 같아요.

2) 서양 사람들 중에는 눈동자가 _____(으)ㄴ 사람이 있지만 동양 사람들은 보통 눈동자가 _____아/어요.

3) 지나 씨는 얼굴이 _____아/어서 예뻐요. 그런데 오늘은 술을 마셔서 얼굴이 _____아/어요.

4) 그 집은 전부 _____습니다. 가구도 _____고, 싱크대도 _____(으)ㄴ 색이에요. 벽도 문도 모두 _____아/어서 아주 깨끗한 분위기입니다.

5) _____(으)ㄴ 구두를 신고 _____(으)ㄴ 코트를 입고 _____(으)ㄴ 모자를 쓰고 _____(으)ㄴ 가방을 든 사람을 보셨어요?

-요

5 보기와 같이 대화를 완성하십시오. 用所给句型完成对话。

> 보기
> 가 : 지금 뭘 먹고 싶으세요? (김치찌개)
> 나 : <u>김치찌개</u>요.

1) 가 : 이게 좋으세요, 아니면 저게 좋으세요? (이거)

   나 : _____요.

2) 가 : 한국어를 일주일에 몇 번 배우세요? (세 번)

   나 : _____요.

3) 가 : 주말에 왜 집에만 있었어요? (숙제가 많다)

   나 : _____아/어서요.

4) 가 : 왜 한국말을 배우세요? (한국 드라마나 영화를 보다)

   나 : _____(으)려고요.

5) 가 : 왜 이사하려고 하세요? (멀다)

   나 : 지금 집이 너무 _____ 아/어서요.

6) 가 : 어제 친구들하고 노래방에 갔어요? (영화도 보다)

   나 : 네, _____고요.

7) 가 : 회사 일이 재미있어요? (사람들도 좋다)

   나 : 네, _____고요.

제8과 여기에서 어떻게 가요? 从这儿怎么走?
-아/어 보다, -아/어서

-아/어 보다

1 보기와 같이 바꾸어 쓰십시오. 用所给句型，仿照例句修改画线部分。

> 보기
> 한국에서 기차를 <u>탔어요</u>. → 타 봤어요.

1) 같이 병원에 <u>갈까요</u>? → _____

2) 그 탤런트를 한번 <u>만나고 싶어요</u>. → _____

3) 과장님 얘기를 한번 <u>들읍시다</u>. → _____

4) 하숙집 아주머니한테 <u>부탁하셨어요</u>? → _____

5) 한국에서 갈비를 <u>먹지 못했어요</u>. → _____

6) 그럼 이 모자를 <u>쓰시겠어요</u>? → _____

7) 이 옷을 <u>입으세요</u>. → _____

2 대화를 완성하십시오. 完成对话。

1) 가: 이 책을 읽어 보셨어요?
   나: 네, _____.

2) 가: 한국 음식을 만들어 보셨어요?
   나: 아니요, _____.

3) 가: _____?
   나: 부산에 가 보고 싶어요.

4) 가: _____.
   나: 네, (잠시후에) 정말 맛있네요.

-아/어서

3 그림을 보고 보기 와 같이 문장을 완성하십시오. 看图，用所给句型完成句子。

보기

딸기를 씻어서 먹어요.

1)

_____
_____(으)려고 합니다.

2)

_____
_____았/었어요.

3)

_____
_____겠습니다.

4)

_____
_____(으)세요.

5)

_____
_____(으)ㄹ까요?

6)

_____
_____(으)ㅂ시다.

7)

_____
_____(으)시겠어요?

-고, -아/어서

4 알맞은 것을 고르십시오. 选出恰当的词完成下文。

주말에 친구들을 1) (만나고 / 만나서) 놀았어요.
명동에 있는 스파게티 집에 2) (가고 / 가서) 피자와 스파게티를 먹었어요.
스파게티를 3) (먹고 / 먹어서) 영화 보러 갔어요.
영화를 보기 전에 음료수를 4) (사고 / 사서) 5) (마시고 / 마셔서) 들어갔어요.
우리는 좌석 번호를 6) (보고 / 봐서) 들어갔어요.
극장에 7) (들어가고 / 들어가서) 우리 자리를 8) (찾고 / 찾아서) 앉았어요.
아주 좋은 자리여서 잘 볼 수 있었어요.
영화를 본 후에 노래방에 갔어요. 노래방에 9) (가고 / 가서)
노래를 10) (부르고 / 불러서) 맥주도 한잔 했습니다.
저는 11) (앉고 / 앉아서) 노래를 불렀지만, 제 친구는 12) (서고 / 서서)
노래를 불렀습니다.
우리들은 춤도 13) (추고 / 추어서) 박수도 쳤습니다.
우리들은 노래방에서 14) (나오고 / 나와서) 좀 걸었습니다.
오래간만에 친구들과 아주 즐거운 시간을 보냈습니다.

제9과 결혼식에 가 본 일이 있어요? 你参加过婚礼吗?
-(으)ㄴ 일이 있다/없다, -밖에

-(으)ㄴ 일이 있다/없다

1 보기와 같이 바꾸어 쓰십시오. 用所给句型，仿照例句修改画线部分。

보기

거짓말을 <u>했어요</u>. → 한 일이 있어요. / 한 적이 있어요.

1) 피곤해서 하루 종일 <u>잤어요</u>. → _____.

2) 돈이 없어서 집까지 <u>걸어갔어요</u>. → _____.

3) 잡채를 <u>만들어 봤어요</u>. → _____.

4) 시험에서 100점 <u>받아 봤어요</u>. → _____.

5) 열쇠가 없어서 집에 <u>못 들어갔어요</u>. → _____.

6) 시험지에 이름을 <u>쓰지 않았어요</u>. → _____.

2 그림을 보고 보기와 같이 문장을 만드십시오. 看图，仿照例句造句。

남대문 시장에서 물건을 사 본 일이 있습니다.

1)

_____.

2)

_____.

3)  _____.

4)  _____.

5)  _____.

3 대답을 쓰십시오. **完成对话**。

1) 가 : 중요한 약속을 잊어버린 일이 있어요?

   나 : _____.

2) 가 : 유명한 가수나 배우를 만난 일이 있어요?

   나 : _____.

3) 가 : 여행하면서 길을 잃은 적이 있어요?

   나 : _____.

4) 가 : 스노보드를 타 본 일이 있어요?

   나 : _____.

5) 가 : 한국 사람 집에서 식사를 해 본 적이 있어요?

   나 : _____.

-밖에

4 그림을 보고 보기 와 같이 대답을 쓰십시오. 看图，用所给句型完成对话。

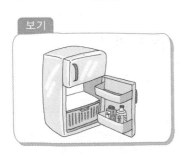

가: 냉장고에 먹을 것이 뭐가 있어요?
나: **물하고 주스밖에 없어요.**

1)

가: 어제 몇 시간 잤습니까?
나: _____.

2)

가: 크리스마스카드를 많이 받았어요?
나: 아니요, _____.

3)

가: 제주도에 여러 번 가 보셨어요?
나: 아니요, _____.

4)

가: 이 선생님의 전화번호하고 주소를 아십니까?
나: _____.

5)

가: 지금 한 5만원쯤 있어요?
나: _____.

제10과 이게 요즘 제일 인기 있는 모델인데   这是最近最热门的机种
- 중에서 제일, -(으)ㄴ데

- 중에서 제일

1. 보기와 같이 대답을 쓰십시오. 用所给句型，仿照例句完成对话。

> **보기**
> 가: 과일 중에서 뭘 제일 좋아해요?
> 나: 과일 중에서 포도를 제일 좋아해요.

1) 가: 운동 중에서 뭘 제일 잘해요?
   나: _____.

2) 가: 한국 음식 중에서 외국인한테 제일 인기 있는 음식이 뭐예요?
   나: _____.

3) 가: 4계절 중에서 언제가 가장 좋아요?
   나: _____.

4) 가: 말하기·듣기·쓰기·읽기 중에서 뭐가 가장 어려우세요?
   나: _____.

5) 가: 집안일 중에서 뭐가 가장 힘들어요?
   나: _____.

6) 가: 서울에서 제일 복잡한 곳이 어디예요?
   나: _____.

7) 가: 우리 반에서 제일 나이가 어린 사람이 누구예요?
   나: _____.

8) 가: 세계에서 인구가 제일 많은 나라가 어느 나라입니까?
   나: _____.

-(으)ㄴ데

2 알맞은 것을 2개 골라 문장을 완성하십시오.
选出两个相应的短句，仿照例句完成句子。

자동차 회사에서 일해요.	**근처에 맛있는 식당이 많아요.**
일본에서도 인기 있었어요.	디자인이 예뻐서 자주 해요.
숙제가 많아요.	말하기 연습을 많이 해요.
오랜만에 하고 왔어요.	작고 가벼워서 좋아요.
기본요금이 제일 싸요.	너무 슬퍼요.
방도 크고 밥도 맛있어요.	1년 전에 한국에 왔어요.

보기

우리 하숙집은 신촌인데 <u>근처에 맛있는 식당이 많아요.</u>
우리 하숙집은 신촌인데 <u>방도 크고 밥도 맛있어요.</u>

1) 피에르 씨는 프랑스 사람인데 _____.
   피에르 씨는 프랑스 사람인데 _____.

2) 이건 10년 전에 산 목걸이인데 _____.
   이건 10년 전에 산 목걸이인데 _____.

3) 저는 요즘 한국어 학원에 다니는데 _____.
   저는 요즘 한국어 학원에 다니는데 _____.

4) 그 영화는 한국 영화인데 _____.
   그 영화는 한국 영화인데 _____.

5) 이 휴대폰은 어제 산 건데 _____.
   이 휴대폰은 어제 산 건데 _____.

3 보기 와 같이 여러분의 물건, 학교(회사), 친구(가족)를 소개하십시오.
仿照例句，简单介绍一下自己的东西、学校(公司)或朋友(家属)。

이 카메라는 전자 상가에서 샀는데 진짜 좋아요.

제 친구는 지금 대학교 4학년인데 내년에 외국으로 유학가요.

우리 회사는 직원이 35명인데 여자가 15명쯤 돼요.

복습 复习 제6과 ~ 제10과

1 '-고' 또는 '-아/어서'로 두 문장을 연결하십시오.
用句型 '-고' 或 '-아/어서' 连接两三个短句。

1) 과자를 만들었습니다. 선물했습니다.
   ➡

2) 다음 정류장에서 내리십시오. 오른쪽으로 가세요.
   ➡

3) 손을 씻으십시오. 식사를 하세요.
   ➡

4) 예쁜 모자를 썼습니다. 학교에 왔습니다.
   ➡

5) 사과를 씻었습니다. 먹었습니다.
   ➡

6) 구두를 벗으십시오. 안으로 들어가세요.
   ➡

7) 학교를 졸업했습니다. 회사에 들어갔습니다.
   ➡

8) 2층에 올라가세요. 기다리세요.
   ➡

9) 어제 친구를 만났습니다. 같이 무엇을 했습니까?
   ➡

10) 어제 오전에는 친구를 만났습니다. 오후에는 공부를 했습니다.
    ➡

2 밑줄 친 곳을 알맞게 고치십시오. 修改画线部分。

1) 어제 <u>마시은</u> 커피가 맛이 아주 좋았습니다. ➡ _____

2) 지난번에 <u>봤는</u> 영화를 또 봤어요? ➡ _____

3) 다음 역은 시청역입니다. <u>내리신</u> 문은 왼쪽입니다. ➡ _____

4) 이 노래는 지난번에 <u>들은</u> 노래입니다. ➡ _____

5) 이것은 제 친구가 <u>만들은</u> 것입니다. ⇒ _____

6) 내일 <u>하는</u> 일이 많으니까 다음에 만나는 게 어때요? ⇒ _____

7) 여기는 <u>인사동 있는데</u> 외국 사람들이 많이 가는 관광지예요. ⇒ _____

8) 선생님이 안경을 <u>쓰고 없어요</u>. ⇒ _____

9) 남대문 시장에 한 번 밖에 <u>가 봤어요</u>. ⇒ _____

10) 그 여자는 <u>까맣은</u> 옷을 입고 <u>까맣은</u> 모자를 쓰고 있어요. ⇒ _____

3 다음 표를 보고 <보기>와 같이 문장을 만드십시오. **看下列表，仿照例句造句。**

서울의 구	종로구	노원구	송파구	마포구
인구	181,441명	618,837명	690,103명	394,026명

보기

(서울/송파구)   서울에서 송파구가 제일 인구가 많아요.
            서울에서 제일 인구가 많은 구는 송파구예요.
(종로구/마포구) 마포구가 종로구보다 인구가 더 많아요.

과일	레몬	키위	감	사과
비타민C	53mg	100mg	50mg	8mg

1) (과일 / 키위) _____
2) (감 / 사과) _____

패스트푸드	햄버거 1개	치킨 1인분	라면 1개	피자 2조각
칼로리	621kcal	650kcal	500kcal	680kcal

3) (패스트푸드 / 피자) _____
4) (햄버거 / 라면) _____

4 다음 이야기를 읽고 두 사람의 대화를 만드십시오. **读下文完成对话。**

> 야마다 씨와 한지영 씨는 식당에서 음식을 주문하려고 합니다. 한지영 씨가 야마다 씨에게 한턱내려고 합니다. 야마다 씨는 한국 음식점에 처음 왔습니다. 한국 음식을 잘 모릅니다. 야마다 씨는 술과 고기를 아주 좋아하고 매운 음식은 못 먹습니다. 한지영 씨는 술을 잘 못 마시고 매운 음식을 좋아합니다. 메뉴는 아래에 있습니다.

메 뉴

식 사		술·음료	
삼겹살 (1인분)	9,000원	맥주	5,000원
고추장삼겹살 (1인분)	9,000원	소주	4,000원
물냉면	6,000원	백세주	7,000원
비빔냉면	6,000원	콜라·사이다	3,000원
갈비탕	7,000원		
육개장	7,000원		

-아/어 보다   -(으)니까   -(으)ㄹ까요?
-(으)ㄴ 적이 있다   -(으)ㄴ데/는데   -아/어서

한지영 : _____
야마다 : _____
한지영 : _____
야마다 : _____
한지영 : _____
야마다 : _____

제11과 제 친구인데 인사하세요   我朋友，打个招呼吧
-(으)ㄴ데, -(이)나

-(으)ㄴ데

1 보기와 같이 문장을 완성하십시오. 仿照例句完成句子。

보기: 심심한데 영화 보러 갈까요?

1) _____ (으)ㄴ데/는데 _____ (으)ㄹ까요?

2) _____ (으)ㄴ데/는데 _____ (으)ㄹ까요?

3) _____ (으)ㄴ데/는데 _____ (으)세요.

4) _____ (으)ㄴ데/는데 _____ (으)세요.

5) _____ (으)ㄴ데/는데 _____ (으)ㅂ시다.

2 보기 와 같이 문장을 완성하십시오. 仿照例句完成句子。

> 보기
> 이번 주에는 시간이 없습니다.
> → 이번 주에는 시간이 없는데 다음 주에 만나는 게 어때요?

1) 오늘은 날씨가 좋습니다.
   → _____(으)ㄹ까요?

2) 저는 그 문법을 잘 모릅니다.
   → _____(으)세요.

3) 요즘 감기가 유행입니다.
   → _____(으)세요.

4) 여기에서 멀지 않습니다.
   → _____(으)ㅂ시다.

3 보기 와 같이 대화를 완성하십시오. 仿照例句完成对话。

> 보기
> 가: 버스를 타고 갈까요?
> 나: 지하철이 더 빠른데 지하철을 타고 갑시다.

1) 가: 점심에 뭘 먹을까요?
   나: _____(으)ㄴ데/는데 _____ (으)ㄹ까요?

2) 가: 어디에서 사진을 찍을까요?
   나: _____(으)ㄴ데/는데 _____ (으)ㅂ시다.

3) 가: 머리 모양을 바꿔 보고 싶어요.
   나: 요즘 _____(으)ㄴ데/는데 _____(으)세요.

4) 가: 중국에 사는 친구한테 선물을 하고 싶은데 뭐가 좋아요?
   나: _____(으)ㄴ데/는데 _____ 는 게 어때요?

-(이)나

4 보기와 같이 대화를 완성하십시오. 仿照例句完成对话。

> 보기
> 가 : 다음 주에 여행을 가서 학원에 못 나와요. (며칠)
> 나 : 며칠이나 여행을 가려고 해요? (일주일)
> 가 : 한 일주일쯤 가려고요.

1) 가 : 그분은 한국에서 오래 살아서 한국말을 잘해요. (몇 년)
   나 : _____? (10년)
   가 : _____.

2) 가 : 녹차로 주세요. 오늘 커피를 너무 많이 마셔서요. (몇 잔)
   나 : _____? (5잔)
   가 : _____.

3) 가 : 오늘 우리 집에 손님이 많이 오세요. (몇 분)
   나 : _____? (10분)
   가 : _____.

4) 가 : 이번 달에 돈을 조금밖에 안 썼어요. (얼마)
   나 : _____? (20만 원)
   가 : _____.

5) 가 : 우리 집에 한국말 책이 많이 있어요. (몇 권)
   나 : _____? (15권)
   가 : _____.

6) 가 : 친구가 서울에 오면 인사동을 안내하니까 가 본 적이 많아요. (몇 번)
   나 : _____? (7~8번)
   가 : _____.

제12과 벚꽃이 정말 많이 피었군요! 真是樱花盛开呀!
-(으)ㄴ데, -군요

-(으)ㄴ데

1. 보기와 같이 알맞은 것을 골라 문장을 완성하십시오.
   仿照例句，选出相应的短句完成句子。

보기 저는 생선을 좋아합니다.
1) 그 드라마가 재미있어요.
2) 가방이 무거워요.
3) 이 과자를 제가 만들었어요.
4) 이 부채를 인사동에서 샀어요.
5) 내일 휴일입니다.
6) 윤 선생님을 만나러 왔습니다.
7) 어제가 이리나 씨 생일이었어요.

지금 사무실에 계세요?
모르셨어요?
뭐 하려고 해요?
왜 안 보세요?
선생님은 뭘 좋아하세요?
예쁘지요?
혼자 들 수 있어요?
좀 드시겠어요?

보기
저는 생선을 좋아하는데 선생님은 뭘 좋아하세요?

1) _____.
2) _____.
3) _____.
4) _____.
5) _____.
6) _____.
7) _____.

2 문장을 완성하십시오. **完成句子**。

1) 저한테 공연 티켓이 2장 있는데 _____?

2) 주말에 한국 친구 결혼식에 초대를 받았는데 _____?

3) 제가 조금 전에 팩스를 보냈는데 _____?

4) 한국 전통 춤을 배워 보고 싶은데 _____?

5) 조금 전에 여기 볼펜이 있었는데 _____?

6) 영어를 잘하시는데 _____?

7) 빵이 아주 맛있는데 _____?

-군요

3 알맞은 것을 고르십시오. **选出恰当的词完成句子**。

1) 이 음식이 정말 (맛있군요 / 맛있는군요).

2) 영어를 (잘하시군요 / 잘하시는군요).

3) 오늘은 시장에 사람이 많지 (않군요 / 않는군요).

4) 운동을 (싫어하시군요 / 싫어하시는군요).

5) 매운 것을 잘 (드시군요 / 드시는군요).

6) 토요일에는 일하지 (않군요 / 않는군요).

7) 아아! 그분이 그 회사 사장님(이군요 / 인군요).

8) 일찍 (오셨군요 / 오셨는군요).

4 그림을 보고 보기 와 같이 문장을 만드십시오. 看图，仿照例句造句。

방이 아주 넓군요.

1)
_____.

2)
_____.

3)
_____.

4)
_____.

5)
_____.

제13과 시원한 냉면이나 먹을까요? 吃清凉爽口的冷面怎么样?
-네요, -(이)나, -(으)ㄴ데

-네요

1 그림을 보고 보기 와 같이 문장을 만드십시오. 看图，仿照例句造句。

길이 복잡하네요.

1)

_____.

2)

_____.

3)

_____.

4)

_____.

5)

_____.

-(이)나

2 보기와 같이 대답을 쓰십시오. 用所给句型，仿照例句完成对话。

> 보기
> 가: 주말에 뭐 하시려고 해요? (집에서 잠/자려고 해요)
> 나: <u>집에서 잠이나 자려고 해요.</u>

1) 가: 점심에 뭐 먹을까요? (가까운 데서 라면 / 먹읍시다)
   나: _____.

2) 가: 영화 보기 전까지 1시간쯤 시간이 있는데 뭐 할까요?
   (차 마시면서 이야기 / 합시다.)
   나: _____.

3) 가: (미용실에서) 손님이 많군요. 뭐 하면서 기다릴까요? (잡지 / 보면서 기다립시다.)
   나: _____.

4) 가: 손님이 오시는데 무슨 음식을 준비해요? (간단히 불고기 / 해서 먹을까요?)
   나: _____.

5) 가: 무슨 운동을 하려고 해요? (퇴근 후에 요가 / 배워 보려고 하는데요.)
   나: _____.

6) 가: 오늘 생일인데 무슨 좋은 계획 있어요? (친구들하고 식사 / 하려고 해요.)
   나: _____.

7) 가: 방학인데 어디에 놀러 가려고 해요? (근처에 있는 수영장에 / 가려고 해요.)
   나: _____.

-(으)ㄴ데

3 보기와 같이 알맞은 것을 골라 문장을 만드십시오.

仿照例句，选出相应的短句完成句子。

보기 **태권도를 1년 배웠어요.**
1) 내일 시험이에요.
2) 책을 보고 불고기를 만들었어요.
3) 어제 경복궁에 갔어요.
4) 제주도에 가 보고 싶어요.
5) 맥주는 잘 마셔요.
6) 값이 좀 비싸요.
7) 생선을 싫어하지는 않아요.

쉬는 날이어서 구경 못했어요.
소주는 별로 안 좋아해요.
시험공부를 못했어요.
잘 못해요.
별로 맛이 없었어요.
너무 예뻐서 샀어요.
자주 먹지는 않아요.
아직 못 가 봤어요.

보기
태권도를 1년 배웠는데 잘 못해요.

1) _____.
2) _____.
3) _____.
4) _____.
5) _____.
6) _____.
7) _____.

4 알맞은 것을 골라 문장을 완성하십시오. 选择恰当的词完成句子。

> 배가 고프다   배가 부르다   배가 아프다

1) _____(으)ㄴ데/는데 집에 약이 있습니까?

2) _____(으)ㄴ데/는데 먹을 것이 없습니다.

3) _____(으)ㄴ데/는데 그만 시키세요.

> 비가 오다   춥다   날씨가 좋다

4) _____(으)ㄴ데/는데 우산을 가지고 가세요.

5) _____(으)ㄴ데/는데 우산을 가지고 왔어요.

6) _____(으)ㄴ데/는데 감기는 괜찮아요?

> 지금 보다   어제 봤다   내일 볼 계획이다

7) _____(으)ㄴ데/는데 또 보고 싶어요.

8) _____(으)ㄴ데/는데 같이 가시겠어요?

9) _____(으)ㄴ데/는데 참 재미있네요.

제14과 요즘 산에 가면 단풍이 예쁘겠네요   最近爬山，枫叶一定很漂亮
-지요?, -겠네요

-지요?

1 보기와 같이 바꾸어 쓰십시오. 仿照例句，修改画线部分。

보기

내일은 수업이 <u>없어요</u>? → 없지요?

1) 여보세요, 거기 가나다학원<u>입니까</u>? → _____?

2) 주말에는 쉬고 <u>싶으세요</u>? → _____?

3) 집이 이 근처가 <u>아닙니까</u>? → _____?

4) 가족들도 다 <u>건강하세요</u>? → _____?

5) 이 음악을 들어 본 일이 <u>있으세요</u>? → _____?

6) 매운 음식도 잘 <u>드세요</u>? → _____?

7) 제가 보낸 문자 <u>받으셨습니까</u>? → _____?

8) 지하철역이 여기에서 별로 <u>멀지 않아요</u>? → _____?

9) 내일 영화 보러 <u>못 갑니까</u>? → _____?

10) 아직 수업이 <u>끝나지 않았습니까</u>? → _____?

-겠네요

2 대답이 맞으면 O, 맞지 않으면 X 하십시오.
三个回答中答对的用O，答错的用X来表示。(可多选)

1) 가 : 오늘 아침에 너무 늦게 일어났어요.
   나 : 회사에 늦었겠네요. ( )
   　　아침밥을 먹지 못하겠네요. ( )
   　　아침에 바빴겠네요. ( )

2) 가 : 마크 씨는 한국에서 1년 살았습니다.
   나 : 한국말을 잘하겠네요. ( )
   　　한국에서 1년 살았겠네요. 몰랐어요. ( )
   　　한국에서 오래 살았네요. ( )

3) 가 : 비빔밥에 고추장을 많이 넣었는데 드시겠어요?
   나 : 맵겠네요. ( )
   　　맛있네요. ( )
   　　아이들은 못 먹겠네요. ( )

4) 가 : 내일부터 휴가입니다.
   나 : 부럽겠네요. ( )
   　　좋겠네요. ( )
   　　회사에 안 나오시겠네요. ( )

5) 가 : 제 남동생은 잘 생겼어요.
   나 : 인기가 있었네요. ( )
   　　여자 친구가 많겠네요. ( )
   　　여자 친구가 많네요. ( )

6) 가 : 회사 일이 보통 10쯤 끝나요.
   나 : 힘드시겠네요. ( )
   　　늦게 끝나겠네요. ( )
   　　늦게 끝나네요. ( )

제15과 눈이 올 때 뭐 하셨어요? 下雪的时候你做了什么?
-지 않아요?, -(으)ㄹ 때, -(으)ㄹ 것이다

-지 않아요?

1 그림을 보고 보기 와 같이 대화를 완성하십시오. 看图，仿照例句完成对话。

가: **방이 좀 춥지 않아요?**
나: **네, 좀 춥네요.**

1)
가: _____?
나: 네, 좀 많은데 다 먹을 수 있어요.

2)
가: 이 카페 _____?
나: 네, 분위기도 좋고 커피도 맛있어요.

3)
가: _____?
나: 네, 저도 이 영화 보면서 많이 울었어요.

4)
가: _____지 않았어요?
나: 네, 옛날에 가 본 적이 있어요.

5)
가: 책이 어디에 있어요?
나: _____?

6)
가: 병원이 토요일 오후에도 문을 열어요?
나: 토요일 오후에는 _____?

-(으)ㄹ 때

2 보기와 같이 문장을 만드십시오. 用所给句型，仿照例句完成句子。

보기
심심합니다. 만화책을 봅니다. → 심심할 때 만화책을 봅니다.

1) 몸이 아픕니다. 가족들 생각이 나요.
   → _____.

2) 밥을 먹고 싶지 않습니다. 국수를 먹어요.
   → _____.

3) 다른 사람이 이야기합니다. 잘 들으세요.
   → _____.

4) 지난번에 이 선생님이 오지 않았습니다. 김 선생님이 가르쳤습니다.
   → _____.

3 보기와 같이 대답을 쓰십시오. 用所给句型，仿照例句完成对话。

보기
가 : 언제 양복을 입으세요? (결혼식에 가다)
나 : 결혼식에 갈 때 입어요.

1) 가 : 이 테이블이 멋있는데 언제 샀어요? (7년 전 멕시코에서 살다)
   나 : _____.

2) 가 : 언제 제주도에 가 보셨어요? (지난번에 부모님이 한국에 오셨다)
   나 : _____.

3) 가 : 이 약은 언제 먹는 약이에요? (열이 나다)
   나 : _____.

4) 가 : 이 CD는 언제 들으려고 샀어요? (심심하다)
   나 : _____.

-(으)ㄹ 것이다

4 보기와 같이 대화를 완성하십시오. 仿照例句完成对话。

> 보기
>
> 가 : 오늘 저녁을 어디서 먹을 거예요?
> 나 : 밖에서 먹을 거예요.

1) 가 : 이번 일요일에 약속이 있어요?
   나 : 네, _____.

2) 가 : 언제까지 한국에 계실 거예요?
   나 : _____.

3) 가 : 민지 씨가 안 오는데 언제까지 기다리실 거예요?
   나 : _____.

4) 가 : 가족들이 한국에 오면, _____?
   나 : 고궁이나 박물관에 가려고 해요.

5) 가 : 시골에 갈 때 기차로 가실 거예요, 자동차로 가실 거예요?
   나 : _____.

6) 가 : 이 CD(시디)를 지금 들으실 거예요, 이따가 들으실 거예요?
   나 : _____.

7) 가 : 외국에 가면 지금 타는 차를 파실 거예요?
   나 : 아니요, _____. 동생한테 _____.

8) 가 : 내일 모임에 양복을 입고 갈 거예요?
   나 : 아니요, _____.

복습 复习 제11과 ~ 제15과

1 알맞은 부사를 한 개 또는 두 개 고르십시오. 选出恰当的副词。(可多选)

1) 우리 회사 사원이 (같이 / 모두) 25명입니다.
2) 주말에는 가족들과 (같이 / 모두 / 보통) 지냈습니다.
3) 한 시간 전부터 했지만 (방금 / 아직 / 천천히) 끝내지 못했습니다.
4) 저는 오늘 아침에 (먼저 / 아직 / 늦게) 일어났습니다.
5) (먼저 / 아까 / 너무) 드세요. 저는 (이따가 / 또 / 아직) 먹겠어요.
6) 제 친구는 매운 음식도 (참 / 잘 / 아주) 먹습니다.
7) 그 백화점에는 사람이 (너무 / 잘 / 또 / 진짜) 많았습니다.
8) 우리 형은 여행을 (잘 / 모두 / 참 / 정말) 좋아합니다.
9) 점심에는 (보통 / 자주 / 참) 비빔밥을 먹어요.
10) 준비가 (거의 / 아직 / 너무) 다 되었으니까 잠깐만 기다리세요.

2 밑줄 친 곳을 알맞게 고치십시오. 修改画线部分。

1) 내일부터 <u>방학이니까</u> 좋은 계획이 있습니까? → _____
2) 노래를 참 잘 <u>부르군요</u>. → _____
3) 제주도에 가서 사진을 <u>몇 장나</u> 찍으셨어요? → _____
4) 학교에 <u>갔을 때</u> 버스를 타고 가요. → _____
5) 토요일밖에 시간이 <u>있지요</u>? → _____
6) 오늘은 좀 시간이 <u>없지만</u> 내일 만나는 게 어때요? → _____
7) 말하기보다 듣기가 <u>어려우네요</u>. → _____
8) 시험이 끝난 후에 친구들과 같이 여행가서 <u>놀을 거예요</u>. → _____

3 그림을 보고 대화를 완성하십시오. 看图完成对话。

이상우 : 안녕하세요? 저는 9층에 사는 사람인데 처음 뵙겠습니다.

야마다 : 네, 안녕하세요? 저는 10층에 사는데
　　　　 1) _____.

이상우 : 아, 일본에서 오셨어요? 외국인인데 2) _____.

야마다 : 아니에요. 잘 못해요. 학원에서 한국말을 배우고 있는데
　　　　 3) _____.

이상우 : 저는 주말에 보통 등산을 가는데 4) _____?

야마다 : 주말에는 집에서 쉬거나 공원에서 산책합니다.

이상우 : 이번 주말에 북한산에 가려고 하는데 5) _____.

야마다 : 좋아요.

야마다 : 오늘 아주 추운 날인데 여기에는 6) _____.

이상우 : 네, 겨울에도 북한산에는 사람이 많습니다.
　　　　 위로 올라가면 경치가 좋은데 빨리 7) _____.

야마다 : 그래요? 저는 벌써 배가 고픈데 8) _____.

이상우 : 두 시간쯤 후에 먹는 게 어때요?
　　　　 이 근처는 두부 음식점이 유명한데 9) _____.

야마다 : 네, 저도 두부 좋아해요.

4 '-네요', '-았/었네요', '-겠네요', '-았/었겠네요' 중 하나를 선택하여 대답을 쓰십시오. 句型'-네요', '-았/었네요', '-겠네요', '-았/었겠네요'中，选出一项完成对话。

1) 가 : 어제 동창회에서 오래간만에 친구들을 많이 만났어요.
   나 : _____.

2) 가 : 한국에 온 후에 한 번도 가족들을 만나지 못했어요.
   나 : _____.

3) 가 : 어제 시장에서 이 구두를 15,000원 주고 샀어요.
   나 : _____.

4) 가 : 시험에서 말하기 95점, 쓰기 93점 받았어요.
   나 : _____.

5) 가 : 제 친구는 한국에서 태권도를 3년 배웠어요.
   나 : _____.

6) 가 : 어젯밤에 잠을 못 잤어요.
   나 : _____.

7) 가 : 하루에 한 시간쯤 걸어요.
   나 : _____.

제16과 취미로 배우기 시작했어요 当作爱好学的
-(으)로, -기 시작하다, - 동안 / -는 동안

-(으)로

1 보기와 같이 연결한 후에 문장을 만드십시오.
先用线连接相应的词后，仿照例句造句。

보기 빵과 우유를 •   • 상품   •   •일해요.

1) 비행기 표를 •   • 교환학생 •   •먹었어요.

2) 이 옷을   •   • 간식   •   •왔어요.

3) 그 가게에서 •   • 아르바이트 •   •입어요.

4) 한국에   •   • 잠옷   •   •받았어요.

보기
> 빵과 우유를 간식으로 먹었어요.

1) _____.

2) _____.

3) _____.

4) _____.

2 ( ) 안에 알맞은 조사를 쓰십시오. 括号内填入恰当的助词。

1) 회사 체육대회(   ) 기념품(   ) 작은 가방(   ) 받았어요.

2) 파전(   ) 동동주 안주(   ) 좋아요.

3) 그런 남자(   ) 친구(   ) 괜찮지만 남편(   ) 별로 안 좋아요.

4) 지난번 회사(   ) 과장(   ) 일했는데, 이 회사(   ) 부장(   ) 일하고 있어요.

5) 후식(   ) 케이크(   ) 먹을까요?

-기 시작하다

3 그림을 보고 보기 와 같이 문장을 만드십시오. 看图，仿照例句造句。

보기
6개월부터 이가 나기 시작했습니다.

1) _____.

2) _____.

3) _____.

4) _____.

4 대답을 쓰십시오. 完成对话。

1) 가 : 언제부터 한국말을 배우기 시작했습니까? (3개월 전)
   나 : _____.

2) 가 : 언제부터 지금 집에서 살기 시작했어요? (10년 전)
   나 : _____.

3) 가 : 언제부터 휴대폰을 사용하기 시작했어요? (초등학교 때)
   나 : _____.

4) 가 : 언제부터 화장(면도)을 하기 시작했습니까? (고등학교 졸업 후 / 15살)
   나 : _____.

- 동안 / -는 동안

5 보기와 같이 대답을 쓰십시오. 用所给句型，仿照例句完成对话。

> **보기**
> 가: 얼마 동안 여행을 하려고 해요? (1주일)
> 나: 1주일 동안 하려고 해요.
>
> 가: 음식 냄새가 아주 좋아요. 식사 준비하시는 동안 저는 뭘 할까요? (청소하다)
> 나: 제가 식사 준비하는 동안 청소를 하세요.

1) 가: 다음 주에 방학인데 계획이 있어요? (여행하다)
   나: 네, _____.

2) 가: 지금 하고 있는 일을 얼마 동안 하셨어요? (5년)
   나: _____.

3) 가: 지난번에 감기약을 며칠 동안 드셨어요? (일주일)
   나: _____.

4) 가: 한국에서 사는 동안 무엇을 해 보고 싶으세요? (한국 요리를 배우다)
   나: _____.

5) 가: 학교에 오는 동안 지하철이나 버스 안에서 보통 뭐 하세요? (신문을 읽다)
   나: _____.

6) 가: 식당에서 주문한 음식을 기다리는 동안 무엇을 합니까? (친구하고 이야기하다)
   나: _____.

7) 가: 언제 아르바이트를 하셨어요? (대학교에 다니다)
   나: _____.

8) 가: 언제 집안일(청소, 세탁)을 하세요? (아이가 자다)
   나: _____.

제17과 이것 좀 도와주시겠어요? 能帮我一下吗?
-아/어 주다, -(으)ㄴ데요

-아/어 주다

1 그림을 보고 보기와 같이 대화를 완성하십시오. 看图，仿照例句完成对话。

가 : 죄송하지만 사진 좀 찍어 주시겠어요?
나 : 네, 찍어 드리겠어요.

1)

가 : _____?
나 : _____.

2)

가 : _____?
나 : _____.

3)

가 : _____?
나 : _____.

4)

가 : _____?
나 : _____.

5)

가 : _____?
나 : _____.

2 보기와 같이 대화를 완성하십시오. 仿照例句完成对话。

> 보기
> 가: 지금 안내서를 볼 수 있어요? (안내서를 팩스로 보내다)
> 나: 안내서를 팩스로 보내 드릴까요?
> 가: 네, 보내 주세요.

1) 가: 인사동에 가고 싶은데 가는 길을 잘 몰라요. (잘 모르면 같이 가다)
   나: _____?
   가: _____.

2) 가: 기회가 있으면 한국 요리를 배우고 싶어요. (좋은 요리 교실을 소개하다)
   나: _____?
   가: _____.

3) 가: (백화점에서) 이 셔츠 95 사이즈 주세요. (쇼핑백에 넣다)
   나: 네, 여기 있습니다. _____?
   가: _____.

4) 가: 주말에 우리 집에 손님이 많이 오세요. (그날 제가 가서 돕다)
   나: _____?
   가: _____.

5) 가: 여행을 가는데 카메라가 없어요. (제 카메라를 빌리다)
   나: _____?
   가: _____.

-(으)ㄴ데요

3 보기와 같이 대답을 쓰십시오. 仿照例句完成对话。

> 보기
> 가: 인천에 가 본 적이 있으시지요? (아니요, 없다)
> 나: 아니요, 없는데요.

1) 가 : 지금 얘기 좀 할 수 있어요? (미안하지만 지금 좀 바쁘다)
   나 : _____.

2) 가 : 일이 힘들면 제가 좀 도와 드릴까요? (거의 다 했다)
   나 : _____.

3) 가 : 이 문법 좀 가르쳐 주세요. (저도 잘 모르다)
   나 : _____.

4) 가 : 수업이 끝났어요? (아직 끝나지 않았다)
   나 : _____.

5) 가 : (전화) 김수정 씨 계십니까? (지금 안 계시다)
   나 : _____.

4 보기와 같이 대화를 완성하십시오. 仿照例句完成对话。

> 보기
>
> 가 : **부모님이 서울에 오세요. (언제)**
> 나 : **언제 오시는데요?**

1) 가 : 이 구두 지난번에 산 건데 좀 비싸요. (얼마)
   나 : _____?

2) 가 : 여보세요, 황은희 씨 계시면 좀 바꿔 주세요. (누구)
   나 : _____?

3) 가 : 휴가 때 여행을 가려고 해요. (어디로 가다)
   나 : _____?

4) 가 : 커피를 많이 마셔서 잠을 못 잤어요. (몇 잔이나)
   나 : _____?

5) 가 : 이거 제가 만들었는데 한번 드셔 보세요. (뭐)
   나 : _____?

제18과 통장을 만들려고 하는데요 我想办个存折
-아/어야 하다, -이/가 되다

-아/어야 하다

1 보기와 같이 밑줄 친 곳을 바꿔 쓰십시오. 仿照例句修改画线部分。

보기
내일이 시험이니까 오늘은 <u>공부해요</u>. → 공부해야 해요(돼요).

1) 그 식당은 손님이 많아서 점심시간에는 언제나 <u>기다려요</u>. → _____.

2) 출발 두 시간 전까지 공항에 <u>도착합니다</u>. → _____.

3) 식사하고 30분 후에 이 약을 <u>먹어요</u>. → _____.

4) 교실에서 나올 때 불을 <u>꺼요</u>. → _____.

5) 홍대 입구 역에서 2번 출구로 <u>나가요</u>. → _____.

2 대답을 쓰십시오. 完成对话。

1) 가: 통장을 만들려고 하는데 어떻게 해야 돼요? (이 신청서를 쓰다)
   나: _____.

2) 가: 이 보고서가 언제까지예요? (이번 주말까지 내다)
   나: _____.

3) 가: 컴퓨터가 고장이 나면 어떻게 해야 돼요? (A/S센터에 연락하다)
   나: _____.

4) 가: 대학로에 어떻게 가야 해요? (다음 역에서 내려서 4호선으로 갈아타다)
   나: _____.

3 <보기>와 같이 '-아/어야 합니다'로 바꾸어 쓰십시오.
仿照例句，用句型'-아/어야 합니다' 完成句子。

한국어 학원에서
<보기> 날마다 CD(시디)를 듣기
1) 교실에서 한국말로 말하기
2) 모르는 것이 있으면 선생님한테 물어보기

보기
날마다 CD(시디)를 들어야 합니다.

1) _____.
2) _____.

"저는 회사원입니다. 오늘 할 일이 많습니다."
3) 손님을 만나기
4) 이메일과 편지 답장을 보내기
5) 회식 장소를 예약하기

3) _____.
4) _____.
5) _____.

초등학교에서
6) 손을 깨끗이 씻고 밥을 먹기
7) 교실과 복도에서 작은 소리로 말하기
8) 친구들과 잘 지내기

6) _____.
7) _____.
8) _____.

-이/가 되다

4 그림을 보고 보기 와 같이 대화를 완성하십시오. 看图，仿照例句完成对话。

보기

가: 카드가 돼요?
나: 네, 카드가 돼요. / 아니요, 카드가 안 돼요.

1)

가: _____?
나: _____.

2)

가: _____?
나: _____.

3)

가: _____?
나: _____.

4)

가: _____?
나: _____.

5)

가: _____?
나: _____.

제19과 일본에 부치려고 하는데 얼마나 걸려요? 想寄到日本，需要多长时间?
-(이)라서, -(이)나

-(이)라서

1 보기와 같이 대답을 쓰십시오. 用所给句型，仿照例句完成对话。

보기
가 : 사무실 사람들이 어디에 갔어요? (점심시간)
나 : 점심시간이라서 식당에 갔어요.

1) 가 : 고향에는 버스를 타고 갑니까? (섬)
   나 : _____.

2) 가 : 이 게임이 너무 어렵지 않아요? (자주 하는 거)
   나 : _____.

3) 가 : 고속도로에 차가 정말 많네요. (휴가 때)
   나 : _____.

4) 가 : 학교까지 많이 걸어가야 돼요? (지하철역 근처)
   나 : _____.

5) 가 : 이 카메라 좀 빌려 줄 수 있어요? (제 카메라가 아니다)
   나 : _____.

6) 가 : 근처에 우체국이 있습니까? (여기 사는 사람이 아니다)
   나 : _____.

7) 가 : 어제 먹어 본 음식이 어땠어요? (매운 음식이 아니다)
   나 : _____.

-(이)나

2. 보기와 같이 ( ) 안에 알맞은 말을 쓰십시오. 用所给句型，仿照例句完成填空。

보기

저는 그 영화를 (세 번이나) 봤어요. (3번)

1) 친구가 오지 않아서 (   ) 기다렸어요. (1시간)

2) 어제 소주를 (   ) 마셔서 머리가 너무 아파요. (5병)

3) 너무 배가 고파서 자장면을 (   ) 먹었어요. (2그릇)

4) 작년 추석 때는 손님들이 (   ) 오셔서 힘들었어요. (10명)

5) 운동화가 집에 (   ) 있는데 또 샀어요? (4켤레)

3. 보기와 같이 대화를 완성하십시오. 用所给句型，仿照例句完成对话。

보기

가: 집에서 회사까지 버스로 1시간 30분 걸려요.
나: 1시간 30분이나 걸려요?

1) 가: 연말에 카드를 200장쯤 보냈어요.
   나: _____?

2) 가: 장마라서 비가 2주일 동안 계속 왔어요.
   나: _____?

3) 가: 한국말을 배우러 1주일에 4번 학교에 가요.
   나: _____?

4) 가: 저는 기자라서 아침마다 신문을 3가지 봐야 돼요.
   나: _____?

5) 가: 여자 친구한테 장미꽃 100송이를 선물한 적이 있어요.
   나: _____?

제20과 패키지여행이 좋을 것 같은데 参团旅行比较好
-(으)ㄹ 것 같다, -아/어지다

-(으)ㄹ 것 같다

1 그림을 보고 보기와 같이 문장을 만드십시오. 看图，用所给句型仿照例句造句。

보기

서울 팀이 이길 것 같아요.

1)
_____.

2)
_____.

3)
_____.

4) _____.

5)
_____.

2 보기와 같이 대화를 완성하십시오. 仿照例句完成对话。

> 보기
> 가: 버스를 타지 않고 왜 택시를 타셨어요? (늦다)
> 나: 늦을 것 같아서 택시를 탔어요.

1) 가: 왜 야채를 조금만 넣었어요? (아이들이 안 먹다)
   나: _____ 아/어/여서 _____.

2) 가: 그 가수의 콘서트에 왜 안 갔어요? (별로 재미없다)
   나: _____ 아/어/여서 _____.

3) 가: 왜 술 안 드세요? 좀 드세요. (제가 운전해야 되다)
   나: _____ 아/어/여서 _____.

4) 가: 바쁘지 않으시면 내일 좀 뵙고 싶은데……. (내일은 바쁘다)
   나: _____ (으)ㄴ데 _____.

5) 가: 순두부찌개가 매워요? (색이 빨개서 맵다)
   나: _____ 지만 _____.

6) 가: 오늘 저하고 같이 이 영화 보러 가시겠어요? (그 영화가 끝났다)
   나: _____ (으)니까 _____.

7) 가: 3일 동안 약을 먹었는데 지금도 아파요. (병원에 가야 하다).
   나: _____ 군요/네요.

8) 가: 저 앞에서 좌회전이 돼요? (좌회전이 안 되다)
   나: _____ (으)ㄴ/는데요.

66

-아/어지다

3 보기와 같이 밑줄 친 곳을 바꾸십시오. 仿照例句修改画线部分。

> 보기
> 발음이 나빴는데 연습을 많이 해서 <u>좋았어요</u>. → 좋아졌어요.

1) 인삼을 먹으면 정말로 <u>건강해요</u>? → _____
2) 유미 씨가 전보다 요즘 아주 <u>예뻤어요</u>. → _____
3) 어떻게 하면 미키 씨와 <u>친할 수 있어요</u>? → _____
4) 3개월 전부터 아침마다 운동했는데 <u>날씬하지 않았어요</u>. → _____
5) 1년 중 3월이 지나면 낮이 밤보다 점점 <u>길어요</u>. → _____
6) 지난주보다 많이 <u>추웠네요</u>. → _____
7) 옛날에 그 사람이 좋았는데 요즘 <u>싫었어요</u>. → _____
8) 이사한 후에 회사가 집에서 <u>가까웠어요</u>. → _____
9) 3년 전부터 이 근처에 높은 빌딩이 <u>많았어요</u>. → _____
10) 다음 주에는 출장이 있어서 <u>바쁠 것 같아요</u>. → _____
11) 그 가게는 한 달쯤 전에 <u>없었는데요</u>. → _____
12) <u>한가하면</u> 연락해 주세요. → _____

복습 复习 第16과 ~ 제20과

1 밑줄 친 곳을 고치십시오. **修改画线部分。**

1) 대학교에 <u>다니기 동안</u> 좋은 친구를 많이 사귀었습니다. → _____
2) 열 살 때부터 피아노를 <u>배우는 시작했습니다</u>. → _____
3) 불고기가 먹고 싶은데 좀 <u>만들어 드리겠어요</u>? → _____
4) 생일 <u>선물으로</u> 장갑을 사려고 하는데요. → _____
5) 처음이라서 <u>잘 모르겠은데요</u>. → _____
6) 내일 비가 <u>안 온 것 같아요</u>. → _____
7) 이 약은 하루에 세 번 식후에 <u>먹어 돼요</u>. → _____
8) <u>방학에 되면</u> 고향에 돌아가서 가족들과 지낼 거예요. → _____

2 알맞은 것을 고르십시오. **选出正确项完成句子。**

1) 한국에 (사는 동안 / 살 동안) 좋은 친구를 많이 사귀었어요.
2) 지난번 시험을 못 봐서 이번 시험을 (잘 봐야 돼요 / 잘 봐도 돼요).
3) 운동을 시작한 후에 건강이 (좋아져요 / 좋아졌어요).
4) (생일 때문에 / 생일이라서) 케이크를 샀어요.
5) 제 컴퓨터가 고장이 났는데 좀 (고쳐 주세요 / 고쳐 드리세요).

3 알맞은 부사를 골라 쓰십시오. **选出相应的副词填空。**

> 이따가   계속   먼저   또   거의   별로   아직   굉장히

1) 그 공원이 아주 좋아서 다음에 (   ) 가고 싶어요.
2) 일이 (   ) 다 끝났으니까 조금만 기다려 주세요.
3) 지금은 바쁘니까 (   ) 이야기합시다.
4) (   ) 영화표를 사고 식사하는 게 어때요?
5) 저는 (   ) 한국 사람 집에 가 본 적이 없어요.
6) 아이가 아픈 것 같아요. 아까부터 (   ) 울어요.
7) 이 반찬은 (   ) 맵지 않으니까 먹어 보세요.
8) 짐이 (   ) 많으니까 택시를 타고 갑시다.

4 '-아/어 주다'와 '-아/어 드리다'를 사용하여 이야기를 완성하십시오.

用句型 '-아/어 주다' 和 '-아/어 드리다' 完成下文。

이승희 씨는 제 한국 친구입니다. 저보다 열 살쯤 나이가 많으신 분이에요.
2년 전 한국에 처음 왔을 때 그분이 저를 많이 _____았/었어요.
　　　　　　　　　　　　　　　　　　　　　　　　1) 돕다

한국말도 _____고, 쇼핑도 같이 _____
　　　　　　2) 가르치다　　　　　　　　　　　　3) 하다
았/었어요.

그리고 서울 시내 여기저기를 _____고 선물도
　　　　　　　　　　　　　　4) 같이 가다

_____았/었어요.
　　5) 사다

다음 주에 승희 씨가 일본에 오실 것 같습니다.
그분이 일본에 오시면 저도 많이 _____고 싶어요.
　　　　　　　　　　　　　　　　　　　　6) 돕다

이승희 씨는 일본 음식을 좋아하니까 좋은 식당을 _____
　　　　　　　　　　　　　　　　　　　　　　　　　　7) 소개하다
(으)ㄹ 거예요.
또 유명한 관광지와 온천도 _____려고 해요.
　　　　　　　　　　　　　　8) 안내하다

제21과 입어보니까 편하고 괜찮네요   穿起来舒服，真不错
-(으)ㄹ까요?, -(으)니까, - 같다

-(으)ㄹ까요?

1 그림을 보고 보기 와 같이 문장을 만드십시오. 看图，用所给句型仿照例句造句。

이 역기를 들 수 있을까요?

1)

_____?

2)

_____?

3)

_____?

4) _____?

5) _____?

2. 보기와 같이 대화를 완성하십시오. 仿照例句完成对话。

보기
가: 친구 결혼 선물로 뭐가 좋을까요?
나: 그릇이나 예쁜 시계가 좋을 것 같아요.

1) 가: _____?
   나: 하얀색이 잘 어울릴 것 같은데요.

2) 가: _____?
   나: 맵지 않을 것 같은데요.

3) 가: _____?
   나: 10시까지 도착할 수 있을 것 같아요.

4) 가: _____?
   나: 내일 날씨가 맑을 것 같아요.

5) 가: _____?
   나: 네, 병원에 안 가도 괜찮을 것 같아요.

6) 가: _____?
   나: 한 50만 원쯤일 것 같아요.

7) 가: _____?
   나: 안 맞을 것 같은데 다른 거 한번 입어 보세요.

-(으)니까

3. 보기와 같이 문장을 완성하십시오. 看图，仿照例句完成句子。

보기

(어제 집에 들어가다 / 12시이다)
→ 어제 집에 들어가니까 12시였어요.

1)

(버스에서 내리다 / 모르는 곳이다)
→ _____.

2)  (먹어 보다 / 맛있다)
→ _____.

3) (오른쪽으로 가다 / 병원이 있다)
→ _____.

4) (제가 이야기 하다 / 사람들이 전부 웃다)
→ _____.

5)  (한국말을 배워 보다 / 생각보다 어렵다)
→ _____.

- 같다

4 알맞은 단어를 골라 보기 와 같이 문장을 만드십시오.

选择相应的词，仿照例句完成句子。

> 배우 가수 천사 선생님 거짓말 운동화 그림 겨울 어머니

보기
> 하숙생들이 아프면 아주머니가 죽도 만들어 주세요. <u>어머니 같아요.</u>

1) 인영 씨는 기타도 잘 치고 노래도 잘해요. _____.

2) 자고 있는 아이 모습이 정말 예쁘군요. _____.

3) 이곳의 경치가 정말 아름답군요. _____.

4) 이 구두가 아주 편해요. _____.

5) 봄인데 날씨가 춥네요. _____.

6) 피에르 씨는 정말 잘 생겼어요. _____.

7) 다나카 씨는 모르는 단어나 문법을 잘 설명해 줘요. _____.

8) 그 말이 _____ 아/어서 믿을 수 없어요.

제22과 컴퓨터로 쉽게 찾을 수 있는데 用电脑很容易就能查出来
-(으)ㄹ 것이다, -게

-(으)ㄹ 것이다

1 보기와 같이 바꾸어 쓰십시오. 用所给句型，仿照例句完成句子。

보기

이 시간에 지하철은 아주 <u>복잡할 거예요.</u>
(복잡하다)

1) 마유미 씨가 선생님 전화번호를 _____.
　　　　　　　　　　　　　　　　(알다)

2) 여기서 지하철역까지 별로 _____.
　　　　　　　　　　　　　(멀지 않다)

3) 이 약을 먹으면 곧 _____.
　　　　　　　　　　(괜찮아지다)

4) 스티브 씨는 다른 약속이 있어서 _____.
　　　　　　　　　　　　　　　　(가지 못하다)

5) 그 가게가 아직 _____.
　　　　　　　　(없어지지 않았다)

2. 보기와 같이 대답을 쓰십시오. 仿照例句完成对话。

> 보기
> 가: 내일 날씨가 추울까요?
> 나: 네, 추울 거예요.

1) 가: 하숙집에서 살면 재미있을까요?
   나: 네, _____.

2) 가: 이 귀걸이가 나미 씨한테 어울릴까요?
   나: 네, _____.

3) 가: 한 시간 전에 출발했는데 지금쯤 도착했을까요?
   나: 아니요, _____.

4) 가: 그 뮤지컬을 보고 싶은데 끝났을까요?
   나: 아니요, _____.

-게

3. 보기와 같이 형용사와 동사를 사용하여 문장을 만드십시오.
仿照例句，用所给的形容词和动词造句。

> 보기
> 즐겁다 - 지내다
> → 저는 한국에서 즐겁게 지내고 있습니다.

1) 늦다 - 오다
   → _____.

2) 크다 - 말하다
   → _____.

3) 예쁘다 - 생기다

   ➡ _____.

4) 하얗다 - 칠하다

   ➡ _____.

5) 맵지 않다 - 만들다

   ➡ _____.

4 보기와 같이 대화를 완성하십시오. 仿照例句完成对话。

> 보기
> 가: 요즘 어떻게 지내세요? (바쁘다)
> 나: 바쁘게 지내고 있어요.

1) 가: 일찍 오셨어요? (늦다)
   나: 아니요, 조금 _____.

2) 가: 여기까지 오는 게 힘들지 않으셨어요? (어렵지 않다)
   나: 약도가 있어서 _____.

3) 가: 코트가 예쁘네요. 비쌀 것 같은데요. (싸다)
   나: 세일해서 _____.

4) 가: (미용실에서) 머리를 어떻게 해 드릴까요? (짧다)
   나: 날씨가 더우니까 _____.

제23과 좀 이상한 것 같은데 괜찮아요? 感觉有点奇怪，还可以吗?

'르'불규칙 동사·형용사, -(으)ㄴ 것 같다

'르' 불규칙 동사·형용사

1 다음 표를 완성하십시오. 完成表格。

	-아/어요	-(스)ㅂ니다	-아/어서	-았/었어요
고르다	골라요			
다르다		다릅니다		달랐어요
모르다			몰라서	
부르다	불러요			
빠르다		빠릅니다		빨랐어요
자르다			잘라서	

2 문장을 완성하십시오. 完成句子。

1) 우리는 쌍둥이지만 얼굴도 _____고 성격도 _____아/어/여요.
    　　　　　　　　　　　　　　(다르다)　　　　　　　　(다르다)

2) 이 노래는 가사도 잘 _____고 너무 _____아/어/여서
    　　　　　　　　　　(모르다)　　　　　　(빠르다)

   _____(으)ㄹ 수 없어요.
   (부르다)

3) 마음에 드는 게 있으면 이쪽에서 한번 _____아/어/여 보세요.
    　　　　　　　　　　　　　　　　　　　(고르다)

4) 머리가 길어서 짧게 _____았/었/였는데 _____(으)니까
    　　　　　　　　　(자르다)　　　　　　　(자르다)

   너무 시원하네요.

5) 선생님 이야기가 _____아/어/여서 잘 _____겠어요.
    　　　　　　　　(빠르다)　　　　　　　(모르다)

-(으)ㄴ 것 같다

3 그림을 보고 보기 와 같이 대답을 쓰십시오. 看图，用所给句型仿照例句完成对话。

보기

가 : **빨리 먹고 싶은데 파전이 아직 안 됐어요?** (다 되다)
나 : <u>다 된 것 같아요.</u>

1)

가 : 이 영화를 본 적이 있어요, 없어요? (보다)
나 : _____.

2)

가 : 한국과 여러분 나라 중에서 어디가 물건 값이 더 싸요?
(한국이 더 싸다)
나 : _____.

3)

가 : 이 우산이 희진 씨 우산이에요? (제 것이 아니다)
나 : _____.

4)

가 : 재욱 씨하고 주연 씨가 만나는 걸 봤어요.
(두 사람이 사귀다)
나 : 저도 봤어요. _____.

5)

가 : 아까 받은 돈이 없어졌어요? 어디에 놓았는데요?
(책상 위에 놓다)
나 : _____(으)ㄴ데…….

6)

가 : 과장님 퇴근하셨어요? (아직 퇴근 안 하시다)
나 : _____.

제24과 어제 정말 죄송했어요 昨天真的很抱歉
-아/어하다, -(으)ㄹ 테니까

-아/어하다

1 다음 표를 완성하십시오. 完成表格。

	-아/어하다		-아/어하다
좋다	좋아하다	밉다	
싫다		귀엽다	
-고 싶다		즐겁다	
재미있다		예쁘다	예뻐하다
부럽다	부러워하다	슬프다	
반갑다		힘들다	
고맙다		피곤하다	피곤해하다
부끄럽다		무섭다	

2 그림을 보고 보기 와 같이 문장을 만드십시오. 看图, 仿照例句造句。

(남편 / 운동 / 좋다)
→ 남편이 운동을 좋아해요.

1)

(아이 / 야채 / 싫다)
→ _____.

2) 　(아버지 / 딸 / 예쁘다)
➡ _____.

3) 　(학생들 / 한국말 공부 / 어렵다)
➡ _____.

4) 　(영은 씨 / 뱀 / 무섭다)
➡ _____.

5) 　(수미 씨 / 한국말로 이야기 하는 것 / 부끄럽다)
➡ _____.

3 알맞은 것을 고르십시오. **在括号中选出相应的词完成下文。**

> 우리 집에는 개가 한 마리 있습니다. 친구들이 집에 놀러 오면 우리 개가 아주 1) (반갑습니다 / 반가워합니다). 제 친구 마크는 개를 아주 2) (좋습니다 / 좋아합니다). 우리 개는 커서 별로 3) (귀엽지 / 귀여워하지) 않지만 마크는 우리 개를 4) (예쁩니다 / 예뻐합니다). 그 친구는 5) (예쁜 / 예뻐하는) 개를 가지고 6) (싶습니다 / 싶어합니다). 그 친구는 나를 7) (부럽습니다 / 부러워합니다).

제24과 어제 정말 죄송했어요　79

-(으)ㄹ 테니까

4 보기와 같이 대답을 쓰십시오. 用所给句型，仿照例句完成对话。

> 보기
> 가 : 주말에 손님이 오시는데 저 혼자서 준비해야 해요. (제가 도와드리다)
> 나 : <u>제가 도와 드릴 테니까</u> 같이 합시다.

> 보기
> 가 : 이번에 꼭 가고 싶었는데 못 갔어요. (다음에도 기회가 있다)
> 나 : <u>다음에도 기회가 있을 테니까</u> 그때 가세요.

1) 가 : 물건이 너무 많아서 고르기가 너무 어려워요. (제가 도와 드리다)
   나 : _____ 같이 골라 봅시다.

2) 가 : 불고기를 집에서 만들어 보고 싶은데 만드는 법을 몰라요. (제가 가르쳐 드리다)
   나 : _____ 한번 만들어 보세요.

3) 가 : 오늘 술 많이 마시면 안 돼요! 알았지요? (조금만 마시다)
   나 : _____ 걱정하지 마세요.

4) 가 : 산으로 여행 가는데 어떤 옷을 가져가야 할까요? (밤에는 춥다)
   나 : _____ 두꺼운 옷을 가져가세요.

5) 가 : 올림픽 공원에 가려고 하는데 무엇을 타는 게 좋아요? (교통이 복잡하다)
   나 : _____ 지하철을 타는 게 좋아요.

5 문장을 완성하십시오. 完成句子。

1) 제가 카메라를 빌려 드릴 테니까 _____.

2) 오늘은 제가 한턱 낼 테니까 _____.

3) 부장님이 1시간 후쯤 돌아오실 테니까 _____.

4) _____ 집에서 일찍 출발하세요.

5) 상우 씨가 _____ 사무실로 연락해 보세요.

제25과 오셔서 축하해 주세요 过来一起庆祝吧
-(으)ㄹ 생각이다, - 중/-는 중

-(으)ㄹ 생각이다

1 보기와 같이 대답을 쓰십시오. 用所给句型，仿照例句完成对话。

> 보기
> 가 : 대학을 졸업한 후에 뭘 할 거예요?
> 나 : 대학원에 가서 더 공부할 생각이에요.

1) 가 : 보너스를 받으면 뭐 하고 싶으세요? (갖고 싶은 카메라를 사다)
   나 : _____.

2) 가 : 언제쯤 이사하시려고 해요? (다음 달)
   나 : _____.

3) 가 : 이번 추석 때 고향에 어떻게 가실 거예요? (기차로 가다)
   나 : _____.

4) 가 : 일본에 돌아갈 때 가구들은 어떻게 하실 거예요? (친구에게 주다)
   나 : _____.

5) 가 : 새해인데 올해 무슨 계획을 가지고 계세요? (금년에는 유럽 여행을 하다)
   나 : _____.

2 문장을 완성하십시오. **完成句子**。

1) 이번 휴가 때는 _____.

2) 그 일은 별로 어렵지 않으니까 _____.

3) 자동차를 바꾸고 싶어요. 그런데 돈이 모자라서 _____.

4) 노트북이 고장 나서 _____.

5) 미국 친구 결혼식인데 갈 수 없어요. 그래서 _____.

- 중/-는 중

3 그림을 보고 보기 와 같이 문장을 만드십시오. 用所给句型，仿照例句完成句子。

공사 중입니다.

1)

_____.

2)

_____.

3)

_____.

4)

가 : 출장 준비가 끝났어요?
나 : 아니요, _____.

5)

가 : 여행지를 결정했어요?
나 : 아니요, 지금 _____.

4 '- 중이니까', '- 중이라서', '- 중에는', '- 중인데'를 이용하여 대화를 완성하십시오. 用句型'- 중이니까', '- 중이라서', '- 중에는', '- 중인데'完成对话。

1) 가 : (전화로) 기다리고 있는데 왜 안 와요?

   나 : 미안해요. 지금 _____ 잠깐만 기다려 주세요.

2) 가 : 정 과장님 계시면 좀 바꿔 주세요.

   나 : 지금 _____ 이따가 다시 전화해 주세요.

3) 가 : 한국에서 운전할 때 전화할 수 있어요?

   나 : 아니요, _____ 전화할 수 없어요.

4) 가 : 한국 요리를 배우시지요? 이제 잘 만들겠네요.

   나 : 아직 _____ 잘 못해요.

5) 가 : 이사할 하숙집은 정했어요?

   나 : 아직 못 정했어요. _____.

복습 复习 제21과 ~ 제25과

1 밑줄 친 곳을 알맞게 고치십시오. **修改画线部分**。

1) 은행이 몇 시에 문을 <u>열을까요</u>? → _____

2) 친구가 한국 음식을 <u>먹고 싶어요</u>. → _____

3) 이 중에서 마음에 드는 것을 <u>고라 보세요</u>. → _____

4) 지금 <u>공부할</u> 중이니까 조용히 해 주세요. → _____

5) 금방 <u>끝나는</u> 테니까 잠깐만 기다리고 계세요. → _____

6) 방학이 되면 친구들과 바다에 가서 <u>노는</u> 생각이에요. → _____

7) 날씨가 추우니까 옷을 <u>따뜻한</u> 입으세요. → _____

8) 음식이 아주 맛있어서 <u>많게</u> 먹었어요. → _____

9) 마이클 씨는 한국말을 배운 적이 <u>있은 것 같아요</u>. → _____

10) 어젯밤에 집에 <u>도착했으니까</u> 10시였어요. → _____

2 알맞은 것을 고르십시오. **选择正确项完成句子**。

1) 인삼차가 몸에 (좋을까요 / 좋을 거예요)?

2) 어제 집에 (가니까 / 가면) 문 앞에 편지가 있었어요.

3) 이 가게는 배달이 (된 것 같아요 / 되는 것 같아요).

4) 어머니가 한국에 (오고 싶으세요 / 오고 싶어 하세요).

5) 이따가 (전화할 테니까 / 전화했을 테니까) 기다리세요.

3 알맞은 부사를 고르십시오. 选出相应的副词完成句子。

1) 지금 통화 중이니까 (이따가 / 아직 / 먼저) 다시 전화해 주시겠어요?
2) 63빌딩에 가 보니까 생각보다 (별로 / 거의 / 굉장히) 높았어요.
3) 시험 보는 중에 (금방 / 갑자기 / 별로) 배가 아파서 시험을 잘 못 봤어요.
4) 저는 (또 / 벌써 / 아직) 그 영화를 못 봤는데, 선영 씨는 보셨어요?
5) 지도가 있어서 약속 장소를 (먼저 / 꼭 / 바로) 찾을 수 있었어요.
6) 죄송하지만 저는 오늘 다른 일이 있어서 (이따가 / 또 / 먼저) 가 보겠습니다.
7) 일이 (또 / 아직 / 거의) 끝났으니까 잠깐만 기다려 주세요.
8) 제시카 씨가 웃으면 (꼭 / 곧 / 또) 아이 같아요.

4 '-(으)ㄴ/는/(으)ㄹ 것 같다'를 이용하여 여러분의 생각을 쓰십시오.
用句型 '-(으)ㄴ/는/(으)ㄹ 것 같다', 根据提示写出短文。

1) 서울의 교통 _____

2) 한국말 공부 _____

3) 오늘 날씨 _____

4) 한국 학생들 _____

제26과 컴퓨터 고칠 줄 아세요? 你会修电脑吗?
-(으)ㄹ 줄 알다/모르다, -아/어도 되다, -(으)면 안 되다

-(으)ㄹ 줄 알다/모르다

1 그림을 보고 보기 와 같이 문장을 만드십시오. 看图，用所给句型仿照例句造句。

보기

젓가락을 사용할 줄 몰라요.

1)

_____

2)

_____

3)

_____

4)

_____

5)

_____

2 대화를 완성하십시오. 完成对话。

1) 가: 같이 가고 싶지만 저는 스키를 타 본 일이 없어서…….
   나: 제가 _____. 가르쳐 드릴 테니까 같이 갑시다.

2) 가: 이 한자가 무슨 글자예요?
   나: 저도 한자를 배운 일이 없어서_____.

3) 가: 제 자동차가 이상해요. 좀 도와주시겠어요?

　　나: 저는 _____(으)니까 다른 사람에게 부탁하세요.

4) 가: _____는 노래가 있으면 하나 불러보세요.

　　나: 준비를 못했는데 갑자기 시키면 어떻게 해요?

5) 가: 한복을 예쁘게 입으셨네요.

　　나: 제가 _____아/어서 친구가 입는 걸 도와 주었어요.

6) 가: 컴퓨터에 바이러스가 들어간 것 같아요. _____(으)면 좀 해 주시겠어요?

　　나: 저도 _____.

7) 가: 배가 아프면 죽을 드세요.

　　나: 저도 죽을 먹고 싶은데 _____.

-아/어도 되다

3 그림을 보고 보기 와 같이 문장을 쓰십시오. 看图, 用所给句型仿照例句造句。

보기: 창문을 열어도 됩니까?

1)  _____?

2)  _____?

3)  _____?

4) _____?

5) _____?

6) _____?

7) _____?

-(으)면 안 되다

4 보기와 같이 대답을 쓰십시오. 用所给句型仿照例句完成对话。

> **보기**
> 가 : 교실에서 영어를 써도 됩니까?
> 나 : 아니요, 교실에서 영어를 쓰면 안 됩니다.

1) 가 : 초등학생인데 이 영화를 봐도 됩니까?
   나 : 아니요, _____.

2) 가 : 공연이 시작된 후에 들어가도 됩니까?
   나 : 아니요, _____.

3) 가 : 술 마시고 운전해도 됩니까?
   나 : 아니요, _____.

4) 가 : 이 티셔츠를 입어 봐도 됩니까?
   나 : 아니요, _____.

5) 가 : 음식 쓰레기를 다른 쓰레기하고 같이 버려도 됩니까?
   나 : 아니요, _____.

6) 가 : 병원에 입원하지 않아도 됩니까?
   나 : 아니요, _____.

7) 가 : 오늘은 숙제 안 해도 됩니까?
   나 : 아니요, _____.

8) 가 : 이 보고서를 오늘 안 내도 됩니까?
   나 : 아니요, _____.

제27과 방을 못 구해서 걱정이에요 还没找到房间，所以很担心
-아/어도, -았/었으면 좋겠다

-아/어도

1 보기와 같이 두 문장을 연결하십시오. 用所给句型仿照例句完成句子。

> **보기**
> 열심히 공부하다 / 성적이 좋아지지 않아요.
> → 열심히 공부해도 성적이 좋아지지 않아요.

1) 약을 먹다 / 감기가 잘 낫지 않아요.
   → _____.

2) 어렵고 힘들다 / 끝까지 해 보세요.
   → _____.

3) 내일 날씨가 안 좋다 / 산에 갈 생각이에요?
   → _____?

4) 이름을 부르다 / 대답하지 않아요.
   → _____.

5) 운동을 하고 싶다 / 할 줄 아는 운동이 없어요.
   → _____.

6) 시간이 없다 / 아침 식사를 꼭 하세요.
   → _____.

2 보기 와 같이 대화를 완성하십시오. 仿照例句完成对话。

> 보기
> 가: 헬렌 씨한테 전화 좀 해 보세요.
> 나: 아까부터 전화했는데 전화해도 안 받아요.

1) 가: 술을 많이 마시면 얼굴이 빨개져요?
   나: 아니요, _____.

2) 가: 그 남자한테서 연락이 오면 만날 거예요?
   나: 아니요, _____.

3) 가: 택시를 타면 9시까지 도착할 수 있을까요?
   나: 아니요, _____.

4) 가: 설명을 들으니까 잘 알겠지요?
   나: 아니요, _____.

5) 가: 한국에 오래 살면 한국말을 잘 할 수 있을까요?
   나: 아니요, 공부하지 않으면 _____.

6) 가: 비가 오는데 테니스를 칠 수 있어요?
   나: 네, 실내 테니스장이니까 _____.

-았/었으면 좋겠다

3 그림을 보고 보기 와 같이 문장을 만드십시오.
看图，用所给句型仿照例句完成句子。

저는 형제가 없어요.
<u>언니나 동생이 있었으면 좋겠어요.</u>

1)

맛은 있는데 좀 매워요.
_____.

2)

한국 친구가 2명밖에 없어요.
_____.

3)

피아노를 칠 줄 몰라요.
_____.

4)

하숙집 방이 좀 좁아요.
_____.

5)

저는 한국말을 잘 못해요.
_____.

제28과 시간이 정말 빠른 것 같아요 时间过得真快
-(으)ㄴ 지, -아/어 가다/오다

-(으)ㄴ 지

1 그림을 보고 보기와 같이 문장을 만드십시오. 看图，用所给句型仿照例句造句。

보기
아기가 태어난 지 1주일이 되었습니다.

1) _____.
2) _____.
3) _____.
4) _____.
5) _____.
6) _____.
7) _____.

-아/어 가다/오다

2 밑줄 친 곳을 보기와 같이 바꾸어 쓰십시오. 用所给句型仿照例句修改画线部分。

보기
여러분, 다음 시간까지 숙제하세요. → 숙제를 해 오세요.

1) 선생님, 교과서 몇 페이지까지 읽어야 돼요?

   → _____?

2) 지금 은행에 가서 돈을 얼마나 찾을까요?

   → _____?

3) 내일 수업 시간에 할 이야기를 생각하세요.

   → _____.

4) 친구가 제 책을 빌렸습니다. 그래서 그 책이 없어요.

   → _____.

5) 산에 갈 때 김밥을 만들 거예요, 빵을 살 거예요?

   → _____?

3 대화를 완성하십시오. **完成对话**。

1) 가 : 도서관에서 무슨 책을 빌려 왔어요?

   나 : _____.

2) 가 : 고향에 갈 때 한국에서 무엇을 사 갈 거예요?

   나 : _____.

3) 가 : 일기를 써 오셨어요?

   나 : 아니요, _____.

4) 가 : 어제 산 옷이 작아요?

   나 : 네, 그래서 큰 사이즈로 _____.

5) 가 : 내일 공원에 갈 때 제가 물과 먹을 것을 가져 올까요?

   나 : 아니요, 물은 있으니까 _____.

제29과 콘서트 어땠어요? 演唱会怎么样?
- 번째, -거든요, - 만에

- 번째

1 그림을 보고 보기 와 같이 문장을 만드십시오.
看图，用所给句型仿照例句完成句子。

보기

'은희'씨는 앞에서 두 번째, 왼쪽에서 세 번째 자리에 앉았습니다.

1) 'B-4' 자리는 _____.

2) 'C-5' 자리는 _____.

3) 'D-1' 자리는 _____.

4) 'E-2' 자리는 _____.

2 밑줄 친 곳을 보기 와 같이 바꾸어 쓰십시오. 仿照例句修改画线部分.

보기

난타를 본 게 이번이 <u>3</u> 입니다.
→ 세 번째

1) 앞에서 5 자리에 앉아 있는 아이가 우리 아이예요.

   → _____.

2) 20 생일에는 친구들과 생일 파티를 크게 했어요.

   → _____.

3) 여자 친구를 100 만났을 때 프러포즈 했어요.

   → _____.

4) 손님은 우리 가게에 오신 1 손님이세요.

   → _____.

-거든요

3 보기와 같이 대화를 완성하십시오. **用所给句型仿照例句完成对话。**

> 보기
>
> 가: 커피는 좀 많이 드시네요. (아주 좋아하다)
>
> 나: 네, 매일 5잔쯤 마셔요. <u>아주 좋아하거든요.</u>

1) 가: 잡채를 만들어 보고 싶은데……. (생각보다 어렵지 않다)

   나: 만들어 보세요. _____.

2) 가: 이 쓰레기 버려도 돼요? (버리는 날은 수요일 오전이다)

   나: 아니요, 오늘 버리면 안 돼요. _____.

3) 가: 이메일로 보내 주시겠어요? (제가 컴퓨터를 할 줄 모르다)

   나: 죄송합니다. _____.

4) 가: 공연 보러 안 갔어요? (표가 매진돼서 못 샀다)

   나: 네, 못 갔어요. _____.

5) 가: 어제 왜 전화 안 했어요? 기다렸는데……. (깜빡 잊어버렸다)

   나: 미안합니다. 너무 바빠서 _____.

4 알맞은 말을 골라서 '-거든요.'로 이야기를 완성하십시오.
在方框中选出相应的词，用句型'-거든요.'完成下文。

해 주다   고를 수 있다
빌릴 수 있다   잘하다
찍었다   넣어 주다
경험이다

　한복을 입고 멋있는 사진을 찍고 싶지 않으세요? 제가 좋은 사진관을 하나 소개해 드리겠습니다. 얼마 전에 저희 가족도 거기에서 가족사진을 1) _____. 사진관은 인사동에 있는데 보통 외국 사람들이 와서 사진을 많이 찍어요.

　사진사가 일본말도 가능하고 영어도 2) _____. 한복을 입고 사진을 찍는데 한복은 살 필요가 없어요. 사진관에서 여러 스타일의 한복을 3) _____. 화장을 못 해도 머리 스타일이 자신 없어도 걱정하지 마세요. 한복에 어울리는 간단한 화장과 머리 스타일을 사진관에서 4) _____. 그리고 바로 사진을 볼 수 있어요. 디지털 카메라로 찍은 후에 컴퓨터로 사진을 보면서 사진을 5) _____. 나중에 찍은 사진으로 카드나 앨범도 만들 수 있어요. 찍은 사진들을 모두 CD에 6) _____. 여러분들도 꼭 이런 사진을 찍어 보세요. 아주 즐거운 7) _____.

- 만에

5 보기와 같이 대화를 완성하십시오. 用所给句型仿照例句完成对话。

> 보기
> 가: 어제 길에서 고등학교 동창을 만났어요.
> 나: **얼마 만에 동창을 만났는데요?** (7년)
> 가: **7년 만에 만났어요.**

1) 가: 지난주에 오랜만에 뮤지컬을 봤어요.
   나: _____? (한 1년)
   가: _____.

2) 가: 내일 가족들을 만나러 고향에 갈 거예요.
   나: _____? (2년)
   가: _____.

3) 가: 몸이 아파서 그동안 회사를 쉬었는데 다음 주부터 다시 일하기 시작해요.
   나: _____? (한 달)
   가: _____.

4) 가: 헤어진 애인한테서 연락이 왔어요.
   나: _____? (한 6개월)
   가: _____.

5) 가: 수술하고 오늘 처음으로 밥을 먹었어요.
   나: _____? (5일)
   가: _____.

제30과 음식을 많이 차리셨네요 菜准备得好丰盛啊
-는 데, -(으)로

-는 데

1 회사원인 혜원 씨의 아침 시간입니다. 표를 보고 보기 와 같이 문장을 만드십시오. 下面是公司职员惠媛的上班前的准备计划表。看计划表，用所给句型仿照例句造句。

오전 6:20-6:40   샤워하기
오전 6:40-7:20   식사준비 / 아침 식사
오전 7:20-7:50   화장하기, 옷 입기
오전 7:50   집에서 출발
오전 8:00   지하철 타기
오전 8:40   회사 도착

보기
혜원 씨는 샤워하는 데 20분 걸립니다.

1) _____.

2) _____.

3) _____.

4) _____.

2 지난달에 결혼한 정윤 씨의 결혼 비용입니다. 표를 보고 보기와 같이 문장을 만드십시오. 下面是上个月刚结婚的正允的结婚费用单。看费用单，仿照例句造句。

예식장, 식당 빌리기	8,000,000원
드레스 빌리기	2,500,000원
한복 맞추기	1,200,000원
미용실(화장, 머리)	700,000원
사진 촬영	1,500,000원
신혼여행	4,600,000원

보기

예식장과 식당을 빌리는 데 8백만 원 들었습니다.

1) _____ .

2) _____ .

3) _____ .

4) _____ .

5) _____ .

-(으)로

3 그림을 보고 보기와 같이 대화를 만드십시오. 看图，用所给句型完成对话。

보기

가: <u>요구르트와 치즈는 무엇으로 만듭니까?</u>
나: <u>우유로 요구르트와 치즈를 만듭니다.</u>

1)

가: _____?
나: _____.

2)

가: _____?
나: _____.

3)

가: _____?
나: _____.

4)

가: _____?
나: _____.

5)

가: _____?
나: _____.

복습 复习 제26과 ~ 제30과

1 다음 이야기를 읽고 문장을 완성하십시오. **读下文并完成句子。**

> 저는 3년 전에 한국에서 고등학교를 졸업했습니다. 졸업한 후에 한 번도 친구들을 만나지 못했습니다. 왜냐하면 졸업 후에 미국에 갔기 때문입니다. 미국에서 1년 동안 영어를 공부하고 그 후에 대학교에 들어갔습니다. 그런데 지난주에 방학을 해서 가족과 친구들을 만나려고 한국에 왔습니다. 전에도 두 번 한국에 왔지만 시간이 없어서 친구들을 만나지 못했습니다. 그래서 어제는 오래간만에 친구를 만났습니다.

1) 이 사람은 3년 _____ 미국에서 살았습니다.

2) 고등학교를 _____ 3년이 되었습니다.

3) 2년 _____ 대학교에 들어갔습니다.

4) 어제 3년 _____ 친구를 만났습니다.

5) 한국에 온 것은 이번이 세 _____ 입니다.

2 밑줄 친 곳을 알맞게 고치십시오. **修改画线部分。**

1) 불고기를 <u>만든 줄 압니다</u>. → _____

2) 여기에서 담배를 <u>피워도</u> 안 돼요. → _____

3) 한국에 <u>왔는 지</u> 5개월이 되었습니다. → _____

4) 제 선물이 마음에 들었으면 <u>좋네요</u>. → _____

5) 유럽에서 일주일 관광하는 데 돈이 얼마쯤 <u>걸려요</u>? → _____

6) <u>일번째</u> 토요일에 시장이 쉽니다. → _____

7) 도시락을 <u>싸고 가서</u> 친구와 맛있게 먹었어요. → _____

복습 제26과~제30과 101

3 (꽃집에서) 손님과 주인의 대화입니다. 알맞은 조사를 쓰십시오.
下面是花店老板和客人的一段对话。在括号内填入相应的助词。

손님 : 장미 있어요?

주인 : 네, 이 쪽 1)(   ) 오세요.

손님 : 한 송이 2)(   ) 얼마예요?

주인 : 빨간 장미 3)(   ) 한 송이 4)(   ) 2000원, 노란 장미 5)(   ) 분홍 장미 6)(   ) 2500원이에요.

손님 : 여자 친구 7)(   ) 선물 8)(   ) 줄 건데…….
저는 노란 색 9)(   ) 좋은데 괜찮을까요?

주인 : 그럼요. 몇 송이 10)(   ) 드릴까요?

손님 : 50송이 11)(   ) 예쁘게 꽃다발 12)(   ) 만들어 주세요.

주인 : 50송이 13)(   ) 사세요? 저게 전부 50송인데…….

손님 : 제가 다 사면 좀 싸게 주시겠어요?

주인 : 그래요. 125,000원인데 120,000원 14)(   ) 드릴게요.

손님 : 그런데 신용카드 15)(   ) 됩니까?

주인 : 신용 카드 16)(   ) 계산하시려고요?

4 알맞은 연결어를 골라서 두 문장을 연결하십시오. 用相应的句型连接两个短句。

> -아/어도   -는 데   -(으)면   -(으)ㄴ 지   -았/었으면

1) 그 친구를 사귀었다 / 1년이 되었습니다.

   →

2) 이 서류를 가져가다 / 됩니까?

   →

3) 숙제를 안 하다 / 안 됩니다.

   →

4) 바쁘다 / 꼭 참석해야 합니다.

   →

5) 여기에서 공항까지 가다 / 시간이 얼마나 걸립니까?

   →

6) 한국에서 한 달 생활하다 / 돈이 얼마나 듭니까?

   →

7) 여행을 많이 하다 / 좋겠습니다.

   →

해답 答案

제1과

1. 1) 걸어가면서 이야기합시다. (이야기하면서 갑시다.)
   2) 운전하면서 전화하지 마세요.   3) 팝콘을 먹으면서 영화를 봤어요.
   4) 김밥을 만들면서 먹었어요. 김밥을 먹으면서 만들었어요.
   5) 대학교에 다니면서 아르바이트를 하려고 해요. (아르바이트하면서 대학교에 다니려고 해요.)
   6) 빵을 먹으면서 옷을 입고 있어요. (옷을 입으면서 빵을 먹고 있어요.)

2. 1) 한국말을 배우려고 가나다한국어학원에 가요.   한국말을 공부하려고 한국어 사전을 샀어요.
   2) 유럽에 여행을 가려고 아르바이트를 해요.(돈을 벌었어요.)   유럽에 여행을 가려고 여행 가방을 샀어요.
   3) 한국 영화를 보려고 한국말을 배웁니다.   한국 회사에서 일하려고 한국말을 배웁니다.
   4) 영어 학원에 다니려고 아침에 일찍 일어납니다.   운동하려고 아침에 일찍 일어납니다.
   5) 돈가스를 만들려고 돼지고기를 샀어요.   김치찌개를 만들려고 돼지고기를 샀어요.

3. 1) 일본에 소포를 부치려고 갔어요.   2) 사진을 찍으려고 가요.
   3) 보고서를 쓰려고 빌렸어요.   4) 친구들과 같이 먹으려고 많이 만들었어요.
   5) 드라마를 보면서 연습하려고 샀어요.   6) 부모님께 드리려고 샀어요.
   7) 비행기 표를 예매하려고 전화했어요.   8) 친구가 한국에 오면 안내하려고 샀어요.

제2과

1.

	-아/어요	-았/었어요	-(으)면	-아/어서
덥다	더워요	더웠어요	더우면	더워서
쉽다	쉬워요	쉬웠어요	쉬우면	쉬워서
어렵다	어려워요	어려웠어요	어려우면	어려워서
맵다	매워요	매웠어요	매우면	매워서
시끄럽다	시끄러워요	시끄러웠어요	시끄러우면	시끄러워서
가볍다	가벼워요	가벼웠어요	가까우면	가까워서
귀엽다	귀여워요	귀여웠어요	귀여우면	귀여워서
*좁다	좁아요	좁았어요	좁으면	좁아서

2. 1) 맵고, 뜨거워요 2) 무거우면 3) 더웠지만, 덥지 4) 시끄러워서 5) 추우면, 입으세요

3. 1) 친절해서 2) 음식이 맛있어서 3) 값이 싸서 4) 배가 아파서 5) 늦게 일어나서 6) 친구가 와서

4. 1) 약속이 있어서 갈 수 없어요.   2) 하숙집이 너무 멀어서 이사를 하려고 해요.
   3) 너무 무서워서 끝까지 보지 못했어요.   4) 감기에 걸려서 안 가요.
   5) 친구가 한국에 와서 공항에 가요.   6) 배가 아파서 먹을 수 없어요.
   7) 어려워서 다 하지 못했어요.   8) 늦어서

제 3 과

1. 1) 무슨 요일이든지 괜찮아요. 2) 아니요, 누구든지 배울 수 있어요.
   3) 무슨 운동이든지 잘해요. 4) 어디든지 좋아요.
   5) 어느 거든지 좋아요. 6) 네, 언제든지 만날 수 있어요.
   7) 뭐든지 다 잘 먹어요. 8) 무슨 노래든지 괜찮아요.

2. 1) 선생님한테 물어보는 게 어때요? 2) 오늘 한잔하는 게 어때요?
   3) 벤치에 앉는 게 어때요? (벤치에서 쉬는 게 어때요?) 4) 삼계탕을 먹는 게 어때요?
   5) 유럽으로 여행을 가는 게 어때요? 6) 저기(저쪽 구석)에 놓는 게 어때요?

3. 1) 바다가 산보다 더 좋아요. 2) 어제가 오늘보다 더 추웠어요.
   3) 영수가 준호보다 더 일찍 왔어요. 4) 한라산이 설악산보다 더 높아요.
   5) 운동화를 구두보다 더 자주 신어요. 6) 버스 정류장이 지하철역보다 더 가까워요.

제 4 과

1. 1) 깨끗한 양말, 더러운 양말 2) 긴 치마, 짧은 치마 3) 무거운 가방, 가벼운 가방
   4) 비싼 옷, 싼 옷 5) 높은 산, 낮은 산

2. 1) 싸고 깨끗한 2) 예쁘고 비싸지 않은 3) 작고 가벼운 4) 맵고 뜨거운(맵지 않고 뜨겁지 않은)

3. 1) 마당이 넓은 집을 사려고 해요. 2) 월급이 많은 회사에서 일하고 싶어요.
   3) 무겁지 않은 가방이 좋아요. 4) 아주 짧은 치마가 유행이에요.

4. 1) 맥주로 합시다. 2) 8시 표로 주세요. 3) 안 매운 순두부로 주세요. 4) 냉커피로 마시겠어요.
   5) 침대방으로 하겠어요. 6) 빨간색 장미로 주세요. 7) 10,000원짜리로 주세요.

제 5 과

1. 1) 내일은 9시에 회의가 있으니까 8시 50분까지 오세요. 2) 저는 술을 못 마시니까 맥주 한 병만 시킵시다.
   3) 어제보다 추우니까 따뜻한 옷을 입는 게 어때요? 4) 스파게티는 제가 잘 만드니까 제가 만들겠습니다.
   5) 오늘은 한 명이 오지 않았으니까 모두 8명입니다.

2. 1) 조금 후에 나갑시다. 2) 7인분 준비하려고 해요.
   3) 이번 주에 시험이 끝나니까(다음 주에는 일이 없으니까) 4) 주말에 시간이 있으니까(평일에는 바쁘니까)
   5) 미키 씨가 인사동에 자주 가니까 (미키 씨가 인사동에서 아르바이트를 하니까)

3. 1) 한국 사람들이 날마다 먹는 2) 듣는 3) 지하철역 근처에 있는 4) 아는, 모르는
   5) 담배를 피우는, 담배를 피우지 않는 6) 못하는 7) 부산에서 사는

4. 1) 요즘 태권도를 배우는 2) 고기를 먹지 않는 3) 청바지를 자주 입는 4) 술을 마시지 못하는

5. 1) 한국에 아는 사람이 10명쯤 있어요. 2) 지금 사는 동네가 신촌(강남, 학원 근처)이에요.
   3) 좋아하는 동물은 강아지이고 싫어하는 동물은 고양이예요.

해답 答案

4) 잘하는 운동은 없고 배우고 싶은 운동은 골프예요.

5) 못 먹는 음식은 없고 좋아하지 않는 음식은 매운 음식이에요.

복습   제1과 ~ 제5과

1. ⑩ ⑧ ⑤ ⑥ ③ ① ④ ⑦ ② ⑨

2. 1) 무엇이든지   2) 피곤하니까   3) 있어서   4) 들으면서
   5) 맛있는   6) 추워서   7) 사는   8) 주려고

3. 1) 약속을 지키지 못해서 죄송합니다.
   2) 비행기 표를 예약하려고 여행사에 전화했어요.
   3) 지금 좀 바쁘니까 잠깐만 기다리세요.
   4) 텔레비전을 보면서 차를 마시고 있어요.

4. 1) 무슨   2) 어느   3) 몇   4) 어떤

제6과

1. 1) 일본에서 온   2) 주말에 만난   3) 지난번에 먹은   4) 선물 받은
   5) 전화를 건   6) 친구한테서 들은   7) 어제 하지 못한   8) 모자를 쓰신, 코트를 입으신
   9) 아직 배우지 않은   10) 숙제를 하지 않은

2. 1) 선생님한테 물어볼   2) 할   3) 내일 아침에 먹을   4) 친구에게 줄
   5) 외국에 있는 동생한테 보낼   6) 한국에서 일할   7) 동생 결혼식 날 입을
   8) 들을   9) 친구와 같이 살   10) 내일 오지 않을

3. 1) 잘하는   2) 마시는   3) 재미있는   4) 아는   5) 추는
   6) 먹는   7) 많은   8) 없는   9) 있는   10) 사는
   11) 사는   12) 결혼한   13) 결혼하지 않은   14) 갈   15) 배울
   16) 살   17) 돌아갈   18) 만든

제7과

1. 1) ②   2) ①, ③   3) ①   4) ③   5) ⑤
   6) ②, ⑦   7) ⑦   8) ⑤   9) ⑧   10) ⑥

2. 1) 아니요, 우산을 쓰고 있지 않아요. 들고 있어요.
   2) 아니요, 긴 바지를 입고 있지 않아요. 짧은 바지를 입고 있어요.
   3) 아니요, 가방을 손에 들고 있지 않아요. 메고 있어요.
   4) 네, 안경을 쓰고 있어요.   5) 아니요, 바지를 입고 있지 않아요. 치마 입고 있어요.
   6) 네, 장갑을 끼고 있어요.   7) 아니요, 책을 들고 있지 않아요.
   8) 아니요, 운동화를 신고 있지 않아요. 부츠를 신고 있어요.

3.

	-습니다	-아/어요	-았/었어요	-(으)ㄴ	-(으)니까	-아/어서
파랗다	파랗습니다	파래요	파랬어요	파란	파라니까	파래서
빨갛다	빨갛습니다	빨개요	빨갰어요	빨간	빨가니까	빨개서
하얗다	하얗습니다	하얘요	하얬어요	하얀	하야니까	하얘서
까맣다	까맣습니다	까매요	까맸어요	까만	까마니까	까매서
그렇다	그렇습니다	그래요	그랬어요	그런	그러니까	그래서
어떻다	***	어때요	어땠어요	어떤	어떠니까	어때서
* 좋다	좋습니다	좋아요	좋았어요	좋은	좋으니까	좋아서

4. 1) 빨개서　　　2) 파란, 까매요　　　3) 하얘서, 빨개요
   4) 하얗습니다, 하얗고, 하얀, 하얘서　　　5) 까만, 파란, 하얀, 빨간

5. 1) 이거요.　　2) 세 번요.　　3) 숙제가 많아서요.　　4) 한국 드라마나 영화를 보려고요.
   5) 멀어서요.　　6) 영화도 보고요.　　7) 사람들도 좋고요.

제8과

1. 1) 가 볼까요?　　2) 만나 보고 싶어요.　　3) 들어 봅시다.　　4) 부탁해 보셨어요?
   5) 먹어 보지 못했어요.　　6) 써 보시겠어요?　　7) 입어 보세요.

2. 1) 읽어 봤어요.　　　　　　　　　　2) 만들어 보지 않았어요.(만들어 보지 못했어요.)
   3) 한국에서 어디에 가 보고 싶으세요?　　4) 이 음식을 먹어 보세요.

3. 1) 선물을 포장해서 주려고 합니다.　　2) 도서관에서 책을 빌려서 읽었어요.
   3) 공항에 도착해서(가서) 전화하겠습니다.　　4) 친구에게 전화해서(전화를 걸어서) 이야기하세요.
   5) 김밥을 만들어서 먹을까요?　　6) 만나서 같이 식사합시다.
   7) 여기에 앉아서 기다리시겠어요?

4. 1) 만나서　2) 가서　3) 먹고　4) 사서　5) 마시고　6) 보고　7) 들어가서
   8) 찾아서　9) 가서　10) 부르고　11) 앉아서　12) 서서　13) 추고　14) 나와서

제9과

1. 1) 잔 일이 있어요./잔 적이 있어요.　　2) 걸어간 일이 있어요./걸어간 적이 있어요.
   3) 만들어 본 일이 있어요./만들어 본 적이 있어요.　　4) 받아 본 일이 있어요./받아 본 적이 있어요.
   5) 못 들어간 일이 있어요./못 들어간 적이 있어요.　　6) 쓰지 않은 일이 있어요./쓰지 않은 적이 있어요.

2. 1) 한국말로 전화를 해 본 일이 있습니다.　　2) 한복을 입어 본 일이 있습니다.
   3) 경주에서 여행을 해 본 일이 있습니다.(경주에 가 본 일이 있습니다.)

해답 答案

    4) 한국말로 편지를 써 본 일이 있습니다.   5) 남자 친구와 헤어져 본 일이 있습니다.

3. 1) 네, 중요한 약속을 잊어버린 일이 있어요. (아니요, 중요한 약속을 잊어버린 일이 없어요.)
   2) 네, 유명한 가수나 배우를 만난 일이 있어요. (아니요, 유명한 가수나 배우를 만난 일이 없어요.)
   3) 네, 여행하면서 길을 잃은 적이 있어요. (아니요, 여행하면서 길을 잃은 적이 없어요.)
   4) 네, 스노보드를 타 본 일이 있어요. (아니요, 스노보드를 타 본 일이 없어요.)
   5) 네, 한국 사람 집에서 식사를 해 본 적이 있어요. (아니요, 한국 사람 집에서 식사를 해 본 적이 없어요.)

4. 1) 네 시간밖에 자지 못했습니다.   2) 두 장밖에 받지 못했어요.
   3) 한 번밖에 가 보지 못했어요.   4) 아니요, 전화번호밖에 모릅니다. 5) 아니요, 3만원밖에 없어요.

제10과

1. 1) 운동 중에서 축구를(농구를, 스키를……) 제일 잘해요.
   2) 한국 음식중에서 불고기가(갈비가, 삼겹살이……) 제일 인기 있어요.
   3) 4계절 중에서 가을이(봄이, 여름이……) 가장 좋아요.
   4) 말하기·듣기·쓰기·읽기 중에서 듣기가(말하기가, 쓰기가……) 가장 어려워요.
   5) 집안일 중에서 청소가(요리가, 설거지가……) 가장 힘들어요.   6) 서울에서 명동이 제일 복잡해요.
   7) 우리 반에서 _____씨가 제일 나이가 어려요.   8) 세계에서 중국이 인구가 제일 많아요.

2. 1) 자동차 회사에서 일해요. 1년 전에 한국에 왔어요. 2) 디자인이 예뻐서 자주 해요. 오랜만에 하고 왔어요.
   3) 숙제가 많아요. 말하기 연습을 많이 해요.   4) 일본에서도 인기 있었어요. 너무 슬퍼요.
   5) 기본요금이 제일 싸요. 작고 가벼워서 좋아요.

3. (자유 작문)

복습 제6과 ~ 제10과

1. 1) 과자를 만들어서 선물했습니다.   2) 다음 정류장에서 내려서 오른쪽으로 가세요.
   3) 손을 씻고 식사를 하세요.   4) 예쁜 모자를 쓰고 학교에 왔습니다.
   5) 사과를 씻어서 먹었습니다.   6) 구두를 벗고 안으로 들어가세요.
   7) 학교를 졸업하고 회사에 들어갔습니다.   8) 2층에 올라가서 기다리세요.
   9) 어제 친구를 만나서 같이 무엇을 했습니까? 10) 어제 오전에는 친구를 만났고 오후에는 공부를 했습니다.

2. 1) 마신   2) 본   3) 내리실   4) 들은   5) 만든   6) 할   7) 인사동인데
   8) 쓰고 있지 않아요.   9) 안 가 봤어요.(가 보지 않았어요.)   10) 까만, 까만

3. 1) 과일 중에서 키위가 제일 비타민C가 많아요. 과일 중에서 제일 비타민C가 많은 과일은 키위예요.
   2) 감이 사과보다 비타민C가 더 많아요.
   3) 패스트푸드 중에서 피자가 제일 칼로리가 높아요. 패스트푸드 중에서 제일 칼로리가 높은 음식은 피자예요.
   4) 햄버거가 라면보다 칼로리가 더 높아요.

4. (자유 대화 만들기)

제11과

1. 1) 늦었는데 택시를 탈까요? 2) 연휴인데 여행을 갈까요?
   3) 날씨가 추운데 코트를 입으세요.
   4) 많이 아픈데 오늘은 집에서 쉬세요. (감기에 걸렸는데 오늘은 회사에 가지 마세요.)
   5) 세일을 하는데 많이 삽시다. (값이 싼데 많이 삽시다.)

2. 1) 오늘은 날씨가 좋은데 같이 산책할까요? 2) 저는 그 문법을 잘 모르는데 선생님에게 물어 보세요.
   3) 요즘 감기가 유행인데 조심하세요. 4) 여기에서 멀지 않은데 걸어서 갑시다.

3. 1) 오늘 날씨가 더운데 냉면을 먹을까요? (칼국수가 먹고 싶은데 칼국수를 먹을까요?)
   2) 저기 꽃이 예쁜데 그 앞에서 찍읍시다. 3) 짧은 머리가 유행인데 커트하세요.
   4) 이 화장품이 아주 좋은데 이걸 선물하는 게 어때요?

4. 1) 몇 년이나 살았어요? 한 10년쯤 살았어요. 2) 몇 잔이나 마셨어요? 한 5잔쯤 마셨어요.
   3) 몇 분이나 오세요? 한 10분쯤 오세요. 4) 얼마나 쓰셨어요? 한 20만 원쯤 썼어요.
   5) 몇 권이나 있어요? 한 15권쯤 있어요. 6) 몇 번이나 가 보셨어요? 한 7~8번쯤 가 봤어요.

제12과

1. 1) 그 드라마가 재미있는데 왜 안 보세요? 2) 가방이 무거운데 혼자 들 수 있어요?
   3) 이 과자를 제가 만들었는데 좀 드시겠어요? 4) 이 부채를 인사동에서 샀는데 예쁘지요?
   5) 내일 휴일인데 뭐 하려고 해요? 6) 윤 선생님을 만나러 왔는데 지금 사무실에 계세요?
   7) 어제가 이리나 씨 생일이었는데 모르셨어요?

2. 1) 같이 가시겠어요? 2) 무슨 선물이 좋아요? 3) 받았어요?
   4) 어디에서 배울 수 있어요? 5) 보셨어요? (못 보셨어요?) 6) 어디에서 배웠어요? (몇 년이나 배웠어요?)
   7) 어디에서 샀어요? (어떻게 만들었어요)?

3. 1) 맛있군요. 2) 잘하시는군요. 3) 않군요. 4) 싫어하시는군요.
   5) 드시는군요. 6) 않는군요. 7) 이군요. 8) 오셨군요.

4. 1) 가족(형제)이 많군요. 2) 길에 자동차가 없군요.(교통이 복잡하지 않군요.)
   3) 성적이 좋군요.(시험을 잘 봤군요.) 4) 눈이 많이 왔군요. 5) 술을 많이 마셨군요.

제13과

1. 1) 삼계탕이 뜨겁네요. 2) 맥주를 마시고 싶네요. 3) 바람이 많이 부네요.
   4) 일요일은 쉬네요. 5) 한복이 아름답네요.

2. 1) 가까운 데서 라면이나 먹읍시다. 2) 차 마시면서 이야기나 합시다.
   3) 잡지나 보면서 기다립시다. 4) 간단히 불고기나 해서 먹을까요?
   5) 퇴근 후에 요가나 배워 보려고 하는데요. 6) 친구들하고 식사나 하려고 해요.
   7) 근처에 있는 수영장에나 가려고 해요.

해답 答案

3. 1) 내일 시험인데 시험공부를 못했어요.　　2) 책을 보고 불고기를 만들었는데 별로 맛이 없었어요.
   3) 어제 경복궁에 갔는데 쉬는 날이어서 구경 못했어요.
   4) 제주도에 가 보고 싶은데 아직 못 가 봤어요.
   5) 맥주는 잘 마시는데 소주는 별로 안 좋아해요.　　6) 값이 좀 비싼데 별로 맛이 없었어요.
   7) 생선을 싫어하지는 않는데 자주 먹지는 않아요.

4. 1) 배가 아픈데 집에 약이 있습니까?　　　　2) 배가 고픈데 먹을 것이 없습니다.
   3) 배가 부른데 그만 시키세요.　　　　　　　4) 비가 오는데 우산을 가지고 가세요.
   5) 날씨가 좋은데 우산을 가지고 왔어요.　　　6) 추운데 감기는 괜찮아요?
   7) 어제 봤는데 또 보고 싶어요.　　　　　　　8) 내일 볼 계획인데 같이 가시겠어요?
   9) 지금 보는데 참 재미있네요.

제14과

1. 1) 가나다학원이죠?　2) 싶으시죠?　3) 아니죠?　4) 건강하시죠?
   5) 있으시죠?　6) 드시죠?　7) 받으셨죠?　8) 멀지 않죠?
   9) 못 가죠?　10) 끝나지 않았죠?

2. 1) O, X, O　2) O, X, O　3) O, X, O　4) X, O, O　5) X, O, X　6) O, X, O

제15과

1. 1) 밥이 좀 많지 않아요?　　　　2) 분위기 좋지 않아요?
   3) 이 영화 슬프지 않아요?　　　 4) 남산 서울타워에 가보지 않았어요?
   5) 책상 위에 있지 않아요?　　　 6) 안 열지 않아요?

2. 1) 몸이 아플 때 가족들 생각이 나요.　　2) 밥을 먹고 싶지 않을 때 국수를 먹어요.
   3) 다른 사람이 이야기할 때 잘 들으세요.
   4) 지난번에 이 선생님이 오지 않았을 때 김 선생님이 가르쳤습니다.

3. 1) 7년 전 멕시코에서 살 때 샀어요.　2) 지난번에 부모님이 한국에 오셨을 때 가 봤어요.
   3) 열이 날 때 먹는 약이에요.　　　　 4) 심심할 때 들으려고 샀어요.

4. 1) 친구를 만날 거예요.　　　　　　　2) 금년 12월까지 한국에 있을 거예요.
   3) 올 때까지 기다릴 거예요.　　　　　4) 어디에 가실 거예요?
   5) 기차로 갈 거예요.　　　　　　　　6) 이따가 들을 거예요.
   7) 팔지 않을 거예요. 줄 거예요.　　　8) 양복을 입고 가지 않을 거예요.

복습　제11과 ~ 제15과

1. 1) 모두　2) 같이　3) 아직　4) 늦게　5) 먼저, 이따가
   6) 잘　7) 너무, 진짜　8) 참, 정말　9) 보통, 자주　10) 거의

2. 1) 방학인데　　2) 부르는군요.　　3) 몇 장이나　　4) 갈 때
　 5) 없지요?　　6) 없는데, 없으니까　　7) 어렵네요.　　8) 놀 거예요.

3. 1) 일본에서 왔습니다.　　2) 한국말을 잘 하시네요.　　3) 아직 모르는 게 많아요.
　 4) 야마다 씨는 주말에 뭘 하세요?　　5) 같이 가시겠어요?　　6) 사람이 많네요.
　 7) 올라갑시다.　　8) 점심은 언제 먹어요?　　9) 그리로 갑시다.

4. 1) 반가웠겠네요.　　2) 가족들이 보고 싶겠네요.　　3) 싸게 샀네요.
　 4) 시험을 잘 봤네요.　　5) 태권도를 잘 하시겠네요.　　6) 피곤하시겠네요.
　 7) 많이 걸으시네요.

제16과

1. 1) 비행기 표를 상품으로 받았어요.　　2) 이 옷을 잠옷으로 입어요.
　 3) 그 가게에서 아르바이트로 일해요.　　4) 한국에 교환학생으로 왔어요.

2. 1) 에서, 으로, 을　　2) 이/은, 로　　3) 가/는, 로(는), 으로(는)
　 4) 에서, 으로, 에서, 으로　　5) 으로, 를

3. 1) 12개월부터 걷기 시작했습니다.　　2) 2살부터 혼자 먹기 시작했습니다.
　 3) 4살부터 유치원에 가기(다니기) 시작했습니다.　　4) 7살부터 피아노를 치기 시작했습니다.

4. 1) 3개월 전부터 배우기 시작했습니다.　　2) 10년 전부터 지금 집에서 살기 시작했어요.
　 3) 초등학생 때부터 휴대폰을 사용하기 시작했어요.
　 4) 고등학교 졸업 후부터(15살부터) 화장을(면도를) 하기 시작했어요.

5. 1) 방학 동안 여행을 하려고 해요.　　2) 5년 동안 했어요.
　 3) 일주일 동안 먹었어요.
　 4) 한국에서 사는 동안 한국 요리를 배워 보고 싶어요.
　 5) 학교에 오는 동안 지하철이나 버스 안에서 신문을 읽어요.
　 6) 주문한 음식을 기다리는 동안 친구하고 이야기해요.
　 7) 대학교에 다니는 동안 아르바이트를 했어요.
　 8) 아이가 자는 동안 집안일(청소, 세탁)을 해요.

제17과

1. 1) 가 : 이 피자를 싸 주시겠어요?　　나 : 네, 싸 드리겠습니다.
　 2) 가 : 문 좀 열어 주시겠어요?　　나 : 네, 열어 드리겠습니다.
　 3) 가 : 에어컨 좀 꺼 주시겠어요?　　나 : 네, 꺼 드리겠습니다.
　 4) 가 : 동전으로 좀 바꿔 주시겠어요?　　나 : 네, 바꿔 드리겠습니다.
　 5) 가 : 모르는 것을 좀 가르쳐 주시겠어요?　　나 : 네, 가르쳐 드리겠습니다.

해답 答案

2. 1) 나 : 잘 모르면 같이 가 드릴까요?   가 : 네, 같이 가 주세요.
   2) 나 : 좋은 요리 교실을 소개해 드릴까요?   가 : 네, 소개해 주세요.
   3) 나 : 쇼핑백에 넣어 드릴까요?   가 : 네, 넣어 주세요.
   4) 나 : 그날 제가 가서 도와 드릴까요?   가 : 네, 도와주세요.
   5) 나 : 제 카메라를 빌려 드릴까요?   가 : 네, 빌려 주세요.

3. 1) 미안하지만 지금 좀 바쁜데요.   2) 거의 다 했는데요.
   3) 저도 잘 모르는데요.   4) 아직 끝나지 않았는데요.   5) 지금 안 계신데요.

4. 1) 얼만데요?   2) 누구신데요?   3) 어디로 가는데요?
   4) 몇 잔이나 마셨는데요?   5) 뭔데요?

제18과

1. 1) 기다려야 해요(돼요).   2) 도착해야 해요(돼요).   3) 먹어야 해요(돼요).
   4) 꺼야 해요(돼요).   5) 나가야 해요(돼요).

2. 1) 이 신청서를 써야 돼요.   2) 이번 주말까지 내야 돼요.
   3) A/S센터에 연락해야 돼요.   4) 다음 역에서 내려서 4호선으로 갈아타야 돼요.

3. 1) 교실에서 한국말로 말해야 합니다.   2) 모르는 것이 있으면 선생님한테 물어봐야 합니다.
   3) 손님을 만나야 합니다.   4) 이메일과 편지 답장을 보내야 합니다.
   5) 회식 장소를 예약해야 합니다.   6) 손을 깨끗이 씻고 밥을 먹어야 합니다.
   7) 교실과 복도에서 작은 소리로 말해야 합니다.   8) 친구들과 잘 지내야 합니다.

4. 1) 가 : 인터넷이 돼요?
      나 : 네, 인터넷이 돼요. / 아니요, 인터넷이 안 돼요.
   2) 가 : 주차가 돼요?
      나 : 네, 주차가 돼요. / 아니요, 주차가 안 돼요.
   3) 가 : 환전이 돼요?
      나 : 네, 환전이 돼요. / 아니요, 환전이 안 돼요.
   4) 가 : 포장이 돼요?
      나 : 네, 포장이 돼요. / 아니요, 포장이 안 돼요.
   5) 가 : 불고기 1인분이 돼요?
      나 : 네, 불고기 1인분이 돼요. / 아니요, 불고기 1인분이 안 돼요.

제19과

1. 1) 섬이라서 배를 타고 갑니다.   2) 자주 하는 거라서 어렵지 않아요.
   3) 휴가 때라서 많아요.   4) 지하철역 근처라서 조금만 걸어가요.
   5) 제 카메라가 아니라서 빌려줄 수 없어요.   6) 여기 사는 사람이 아니라서 잘 몰라요.
   7) 매운 음식이 아니라서 좋았어요.

2. 1) 한 시간이나　　2) 다섯 병이나　　3) 두 그릇이나　　4) 열 명이나　　5) 네 켤레나

3. 1) 200장이나 보냈어요?　　2) 2주일 동안이나 왔어요?
   3) 1주일에 4번이나 가요?　　4) 3가지나 봐요?　　5) 100송이나 선물했어요?

제20과

1. 1) 비가 올 것 같아요.　2) (그 옷이) 클 것 같아요.　3) 사람이 많을 것 같아요.
   4) 매울 것 같아요.　5) 비쌀 것 같아요.

2. 1) 아이들이 안 먹을 것 같아서 조금만 넣었어요.　　2) 별로 재미없을 것 같아서 안 갔어요.
   3) 제가 운전해야 될 것 같아서 술을 안 마셔요.
   4) 내일은 바쁠 것 같은데 오늘 만납시다.(다음에 만납시다, 만날 수 없어요…….)
   5) 색이 빨개서 매울 것 같지만 안 매워요.
   6) 그 영화가 끝났을 것 같으니까 다른 영화를 보러 갑시다.
   7) 병원에 가야 할 것 같군요/네요.　　　　8) 좌회전이 안 될 것 같은데요.

3. 1) 건강해져요?　2) 예뻐졌어요.　3) 친해질 수 있어요?　4) 날씬해지지 않았어요.
   5) 길어져요.　6) 추워졌네요.　7) 싫어졌어요.　8) 가까워졌어요.
   9) 많아졌어요.　10) 바빠질 것 같아요.　11) 없어졌는데요.　12) 한가해지면

복습 제16과 ~ 제20과

1. 1) 다니는 동안　2) 배우기 시작했습니다.　3) 만들어 주시겠어요?　4) 선물로
   5) 모르겠는데요.　6) 안 올 것 같아요.　7) 먹어야 돼요.　8) 방학이 되면

2. 1) 사는 동안　　2) 잘 봐야 돼요.
   3) 좋아졌어요.　　4) 생일이라서　　5) 고쳐 주세요.

3. 1) 또　2) 거의　3) 이따가　4) 먼저　5) 아직　6) 계속　7) 별로　8) 굉장히

4. 1) 도와주었어요.　　2) 가르쳐 주고　　3) 해 주었어요.　　4) 같이 가 주고
   5) 사 주었어요.　　6) 도와주고 싶어요.　　7) 소개해 줄 거예요.　　8) 안내해 주려고 해요.

제21과

1. 1) 이 음식을 다 먹을 수 있을까요?
   2) 이 교과서를 배울 수 있을까요? (이 교과서가 어렵지 않을까요?)
   3) 이 옷을 입을 수 있을까요? (이 옷이 작지 않을까요?)
   4) 이 학생이 합격할 수 있을까요?　　5) 이 상자에 뭐가 있을까요?

2. 1) 무슨 색이 잘 어울릴까요?　　　　2) 이 음식이 좀 맵지 않을까요?
   3) 몇 시까지 도착할 수 있을까요?　　4) 내일 날씨가 어떨까요?

해답 答案

    5) 병원에 안 가도 괜찮을까요?   6) 가격이 얼마쯤일까요?
    7) 이 옷이 맞을까요?

3. 1) 버스에서 내리니까 모르는 곳이었어요.   2) 먹어 보니까 맛있었어요.
   3) 오른쪽으로 가니까 병원이 있었어요.   4) 제가 이야기하니까 사람들이 전부 웃었어요.
   5) 한국말을 배워 보니까 생각보다 어려웠어요.

4. 1) 가수 같아요.   2) 천사 같아요.   3) 그림 같아요.   4) 운동화 같아요.
   5) 겨울 같아요.   6) 배우 같아요.   7) 선생님 같아요.   8) 거짓말 같아서

제22과

1. 1) 알 거예요.   2) 멀지 않을 거예요.   3) 괜찮아질 거예요.
   4) 가지 못할 거예요.   5) 없어지지 않았을 거예요.

2. 1) 재미있을 거예요.   2) 어울릴 거예요.
   3) 도착하지 않았을 거예요.   4) 끝나지 않았을 거예요.

3. 1) 약속을 했는데 친구가 늦게 왔습니다.   2) 지하철에서 크게 말하지 마세요.
   3) 김 선생님 딸이 예쁘게 생겼어요.   4) 벽을 하얗게 칠하고 싶어요.
   5) 된장찌개를 맵지 않게 만들어 주세요.

4. 1) 늦게 왔어요.   2) 어렵지 않게 왔어요.   3) 싸게 샀어요.   4) 짧게 해 주세요.

제23과

1.

	-아/어요	-(스)ㅂ니다	-아/어서	-았/었어요
고르다	골라요	고릅니다	골라서	골랐어요
다르다	달라요	다릅니다	달라서	달랐어요
모르다	몰라요	모릅니다	몰라서	몰랐어요
부르다	불러요	부릅니다	불러서	불렀어요
빠르다	빨라요	빠릅니다	빨라서	빨랐어요
자르다	잘라요	자릅니다	잘라서	잘랐어요

2. 1) 다르고, 달라요   2) 모르고, 빨라서, 부를 수 없어요.
   3) 골라 보세요.   4) 잘랐는데, 자르니까   5) 빨라서, 모르겠어요.

3. 1) 본 것 같아요.   2) 한국이 더 싼 것 같아요.
   3) 제 것이 아닌 것 같아요.   4) 두 사람이 사귀는 것 같아요.
   5) 책상 위에 놓은 것 같은데……   6) 아직 퇴근 안 하신 것 같은데요.

제24과

1.

	-아/어 하다		-아/어 하다
좋다	좋아하다	밉다	미워하다
싫다	싫어하다	귀엽다	귀여워하다
-고 싶다	-고 싶어하다	즐겁다	즐거워하다
재미있다	재미있어 하다	예쁘다	예뻐하다
부럽다	부러워하다	슬프다	슬퍼하다
반갑다	반가워하다	힘들다	힘들어하다
고맙다	고마워하다	피곤하다	피곤해하다
부끄럽다	부끄러워하다	무섭다	무서워하다

2. 1) 아이가 야채를 싫어해요. 2) 아버지가 딸을 예뻐해요.
   3) 학생들이 한국말 공부를 어려워해요. 4) 영은 씨가 뱀을 무서워해요.
   5) 수미 씨가 한국말로 이야기하는 것을 부끄러워해요.

3. 1) 반가워합니다. 2) 좋아합니다. 3) 귀엽지 4) 예뻐합니다.
   5) 예쁜 6) 싶어합니다. 7) 부러워합니다.

4. 1) 제가 도와 드릴 테니까 같이 골라 봅시다.
   2) 제가 가르쳐 드릴 테니까 한 번 만들어 보세요.
   3) 조금만 마실 테니까 걱정하지 마세요.
   4) 밤에는 추울 테니까 두꺼운 옷을 가져가야 할 거예요.
   5) 교통이 복잡할 테니까 지하철을 타는 게 좋아요.

5. 1) 사진을 찍으십시오. 2) 같이 갑시다.
   3) 그때 다시 전화하십시오. 4) 시간이 많이 걸릴 테니까
   5) 사무실에 있을 테니까

제25과

1. 1) 갖고 싶은 카메라를 살 생각이에요. 2) 다음 달쯤 이사할 생각이에요.
   3) 기차로 갈 생각이에요. 4) 친구에게 줄 생각이에요.
   5) 금년에는 유럽 여행을 할 생각이에요.

2. 1) 제주도로 놀러갈 생각이에요. 2) 혼자 할 생각이에요.
   3) 할부로 살 생각이에요. 4) 새 노트북 컴퓨터를 살 생각이에요.
   5) 선물(축하 메일)만 보낼 생각이에요.

3. 1) 회의 중입니다. 2) 식사 중입니다. 3) 통화 중입니다.

해답 答案

    4) 준비 중입니다.   5) 생각 중입니다.

4. 1) 가는 중인데(가는 중이니까)   2) 회의 중인데(회의 중이니까)   3) 운전 중에는
    4) 배우는 중이라서   5) 찾는 중이에요.

복습 제21과 ~ 제25과

1. 1) 열까요?   2) 먹고 싶어해요.   3) 골라 보세요.   4) 공부하는   5) 끝날
   6) 놀   7) 따뜻하게   8) 많이   9) 있는 것 같아요. 10) 도착하니까

2. 1) 좋을까요?   2) 가니까   3) 되는 것 같아요.   4) 오고 싶어 하세요.   5) 전화할 테니까

3. 1) 이따가   2) 굉장히   3) 갑자기   4) 아직
   5) 바로   6) 먼저   7) 거의   8) 꼭

4. 1) 복잡한 것 같아요. 편리한 것 같아요.   2) 발음이(문법이) 어려운 것 같아요. 재미있는 것 같아요.
   3) 비가 올 것 같아요. 추운 것 같아요. 흐린 것 같아요.
   4) 공부를 열심히 하는 것 같아요. 힘들 것 같아요.

제26과

1. 1) 영어를 할 줄 몰라요.   2) 수영을 할 줄 몰라요.   3) 자동차를 수리할 줄 몰라요.
   4) 요리할 줄 알아요.   5) 태권도를 할 줄 알아요.

2. 1) 스키를 탈 줄 알아요.   2) 읽을 줄 몰라요.   3) 자동차를 수리할 줄 모르니까
   4) 부를 줄 아는   5) 입을 줄 몰라서   6) 바이러스를 치료할 줄 알면/치료할 줄 몰라요.
   7) 죽을 끓일 줄 몰라요.

3. 1) 지하철 역에서 담배를 피워도 됩니까?   2) 미술관에서 사진을 찍어도 됩니까?
   3) 맥주를 마셔도 됩니까?   4) 나이를 물어봐도 됩니까?
   5) 밤 12시에(밤늦게) 하숙집에 들어가도 됩니까?
   6) 여기에 앉아도 됩니까?   7) 이 전화를 써도 됩니까?

4. 1) 초등학생이 이 영화를 보면 안 됩니다.   2) 공연이 시작된 후에 들어가면 안 됩니다.
   3) 술 마시고 운전하면 안 됩니다.   4) 이 티셔츠를 입어 보면 안 됩니다.
   5) 음식 쓰레기를 다른 쓰레기하고 같이 버리면 안 됩니다.   6) 병원에 입원하지 않으면 안 됩니다.
   7) 숙제를 안 하면 안 됩니다.   8) 이 보고서를 오늘 안 내면 안 됩니다.

제27과

1. 1) 약을 먹어도 감기가 잘 낫지 않아요.   2) 어렵고 힘들어도 끝까지 해 보세요.
   3) 내일 날씨가 안 좋아도 산에 갈 생각이에요?   4) 이름을 불러도 대답하지 않아요.
   5) 운동을 하고 싶어도 할 줄 아는 운동이 없어요.   6) 시간이 없어도 아침 식사를 꼭 하세요.

2. 1) 술을 많이 마셔도 얼굴이 빨개지지 않아요.   2) 그 남자한테서 연락이 와도 안 만날 거예요.

3) 택시를 타도 9시까지 도착할 수 없을 거예요.   4) 설명을 들어도 잘 모르겠어요.
5) 한국에 오래 살아도 한국말을 잘 할 수 없어요.   6) 비가 와도 테니스를 칠 수 있어요.

3. 1) 맵지 않았으면 좋겠어요.   2) 친구가 많았으면 좋겠어요.
   3) 피아노를 칠 줄 알았으면 좋겠어요.   4) 방이 넓었으면 좋겠어요.
   5) 한국말을 잘 했으면 좋겠어요.

제28과

1. 1) 한국에 온 지 6개월이 되었습니다.   2) 담배를 끊은 지 1년이 되었습니다.
   3) 자동차를 산 지 2년이 되었습니다.   4) 결혼한 지 5년이 되었습니다.
   5) 우리 부부가 만난 지 7년이 되었습니다.   6) 회사에 취직한 지 8년이 되었습니다.
   7) 대학교를 졸업한 지 10년이 되었습니다.

2. 1) 읽어 와야 돼요?   2) 찾아올까요?   3) 생각해 오세요.
   4) 빌려갔습니다.   5) 만들어 갈 거예요, 사 갈 거예요?

3. 1) 한국 역사책을 빌려 왔어요.   2) 김이나 화장품을 사 갈 거예요.
   3) 일기를 써 오지 않았어요.   4) 바꿔 왔어요.   5) 물은 가져오지 마세요./먹을 것만 가져 오세요.

제29과

1. 1) 앞에서 두 번째, 왼쪽에서 두 번째 자리입니다.   2) 앞에서 세 번째, 왼쪽에서 첫 번째 자리입니다.
   3) 앞에서 네 번째, 왼쪽에서 다섯 번째 자리입니다.   4) 앞에서 다섯 번째, 왼쪽에서 네 번째 자리입니다.

2. 1) 다섯 번째   2) 스무 번째   3) 백 번째   4) 첫 번째

3. 1) 생각보다 어렵지 않거든요.   2) 버리는 날은 수요일 오전이거든요.
   3) 제가 컴퓨터를 할 줄 모르거든요.   4) 표가 매진돼서 못 샀거든요.
   5) 깜빡 잊어버렸거든요.

4. 1) 찍었거든요.   2) 잘하거든요.   3) 빌릴 수 있거든요.   4) 해 주거든요.
   5) 고를 수 있거든요.   6) 넣어 주거든요.   7) 경험이거든요.

5. 1) 얼마 만에 뮤지컬을 봤는데요?, 한 1년 만에 봤어요.
   2) 얼마 만에 고향에 가요?, 2년 만에 고향에 가요.
   3) 얼마 만에 회사에 가요?, 한 달 만에 가요.
   4) 얼마 만에 연락이 왔는데요?, 한 6개월 만에 연락이 왔어요.
   5) 얼마 만에 밥을 먹었어요?, 5일 만에 밥을 먹었어요.

제30과

1. 1) 아침 식사 준비하고 먹는 데 40분 걸립니다.   2) 화장하고 옷 입는 데 30분 걸립니다.
   3) 집에서 지하철역까지 가는데 10분 걸립니다.   4) 지하철 역에서 회사까지 가는데 40분 걸립니다.

해답 答案

2. 1) 드레스를 빌리는 데 250만 원 들었습니다. 2) 한복을 맞추는 데 120만 원 들었습니다.
   3) 화장하고 머리하는 데 70만 원 들었습니다. 4) 사진 촬영하는 데 150만원 들었습니다.
   5) 신혼 여행하는 데 460만 원 들었습니다.

3. 1) 두부와 된장은 무엇으로 만듭니까?, 콩으로 두부와 된장을 만듭니다.
   2) 소시지와 돈가스는 무엇으로 만듭니까?, 돼지고기로 소시지와 돈가스를 만듭니다.
   3) 막걸리와 동동주는 무엇으로 만듭니까?, 쌀로 막걸리와 동동주를 만듭니다.
   4) 국수와 빵은 무엇으로 만듭니까?, 밀가루로 국수와 빵을 만듭니다.
   5) 책상과 의자는 무엇으로 만듭니까?, 나무로 책상과 의자를 만듭니다.

복습 제26과 ~ 제30과

1. 1) 동안 2) 졸업한 지 3) 전에 4) 만에 5) 번째

2. 1) 만들 줄 압니다. 2) 피우면 3) 온 지 4) 좋겠네요.
   5) 들어요? 6) 첫 번째 7) 싸 가서

3. 1) 으로 2) 에 3) 는 4) 에 5) 와(하고) 6) 는
   7) 에게(한테) 8) 로 9) 이 10) 나 11) 를 12) 로
   13) 나 14) 에 15) 가 16) 로

4. 1) 그 친구를 사귄 지 1년이 되었습니다. 2) 이 서류를 가져가도 됩니까?
   3) 숙제를 안 하면 안 됩니다. 4) 바빠도 꼭 참석해야 합니다.
   5) 여기에서 공항까지 가는 데 시간이 얼마나 걸립니까?
   6) 한국에서 한 달 생활하는 데 돈이 얼마나 듭니까?
   7) 여행을 많이 했으면 좋겠습니다.